José de la Cuadra

LOS SANGURIMAS

Introducción de Hernán Rodríguez Castelo

ARIEL

CLÁSICOS
ECUATORIANOS

Título original:
Los Sangurimas
José de la Cuadra

Texto original:
© 1971-1973 • **ARIEL** • **CLÁSICOS ARIEL** •

Tercera edición:
© 2018 • **ARIEL** • **CLÁSICOS ECUATORIANOS** •
Calle Nueva Ventura Aguilera N58-102 y Juan Molineros
Telf: 328 4494 / 328 1868 • Fax: 328 3234
e-mail: editorial@radmandi.com
www.radmandi.com
Quito - Ecuador

Coordinación general: Lucas Marcelo Tayupanta
Dirección del proyecto: Jonathan Tayupanta Cárdenas
Actividades de mediación lectora: Sandra Araya
Diseño y diagramación: Viviana Vizuete Añasco
Ilustraciones: Paola Karolys Torres, Gabriel Karolys Torres

ISBN: 978-9978-18-190-4

Impreso por: Talleres Editoriales Radmandí
2018

ARIEL

CLÁSICOS ECUATORIANOS

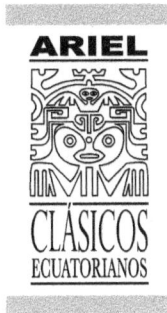

CONSEJO EDITORIAL DE HONOR

PUBLICACIONES EDUCATIVAS ARIEL rinde homenaje a la Cultura Nacional con lo que creemos, sinceramente, constituye el mayor esfuerzo editorial ecuatoriano de todos los tiempos: la Biblioteca de Autores Ecuatorianos de Clásicos Ariel.

Cien libros cuidadosamente seleccionados, bajo la asesoría invalorable de nuestro Consejo Editorial de Honor, a cuyos miembros reiteramos nuestra imponderable gratitud, dan la visión más completa de la Cultura Ecuatoriana, desde la Colonia hasta nuestros días.

Esta biblioteca viene a responder a la necesidad imperiosa del pueblo ecuatoriano de poder conocer las grandes obras de sus mejores autores.

José de la Cuadra

José de la Cuadra

Hernán Rodríguez Castelo

José de la Cuadra nació en Guayaquil, en 1903. Cursó sus estudios en su ciudad natal, y se graduó de bachiller en 1921, y en 1927 de abogado, profesión que ejercería durante algunos años y que dejó una huella —asuntos y matices— en su obra narrativa.

Hombre inquieto y de mucha personalidad, Cuadra fue, cuando universitario, presidente del Centro Universitario de Guayaquil y de la Federación del Sur de Estudiantes Ecuatorianos y fundador, en 1925, de la Universidad Popular Guayaquileña.

Desde sus años de colegial, Cuadra escribió en revistas y periódicos, y preferentemente cuentos. Tendría apenas 16 años cuando vio publicadas sus primeras narraciones en la *Juventud estudiosa* revista en la que hacían sus primeras armas Abel Romeo Castillo y Teodoro Alvarado Olea. En 1925 el diario *El Telégrafo* editó como folletín su primera reunión de relatos, con el título *Oro de sol*. Eran apenas dos producciones: «Nieta de libertadores» y «El paladín», pero se trataba ya de trabajos más o menos largos, bien construidos y bien escritos.

En este mismo 1925, que es el año en el que Cuadra, el narrador, irrumpe en la vida literaria ecuatoriana —con irrumpir muy temprano: tenía apenas los veintidós años—, y vieron la luz, impresas por la editorial Mundo Moderno, sus novelitas breves *Perlita lila* y *Oiga Catalina*.

En los años siguientes Cuadra alterna sus primeras escaramuzas de abogado con la cátedra en el Colegio Vicente Rocafuerte, del que llegaría a ser vicerrector, y con la —dirección de la Página Literaria de *El Telégrafo*—.

Mientras tanto su narrativa, ejercitada asiduamente, prolijamente, seguía madurando. Varios de sus cuentos obtuvieron premios en certámenes locales.

Con varios de esos cuentos premiados y otros que consideró dignos de «hacer alguno que otro salvamento en este naufragio total de olvido» (Premio a *El amor que dormía*), Cuadra publicó, en 1930, la que consideraba su primera obra digna de ser conservada: *El amor que dormía* (Artes Gráficas Senefelder, Guayaquil). Las narraciones de ese volumen estaban fechadas en 1923, 1926 y 1929.

1930 es el año decisivo para la narrativa ecuatoriana. Ve la luz un libro de cuentos titulado *Los que se van*, en el que tres jóvenes ensayan nuevos modos de relato con ternas y sabor locales; modos realistas, hasta veristas; forma concisa, intensa y lírica en la pintura del paisaje, y una enérgica existencia de justicia social. Cuadra está estrechamente vinculado al grupo aquel de literatos jóvenes y, algo mayor de edad y en madurez literaria a menudo lo orienta y dirige.

«Era el mayor —ha recordado Alfredo Pareja Diezcanseco—, más no por los años vividos, sino por la maestría». Los otros del grupo —el más importante grupo de novelistas ecuatorianos— eran Joaquín Gallegos Lara, Demetrio Aguilera Malta, Enrique Gil Gilbert y Pareja Diezcanseco.

Muy diferente es *El amor que dormía* de *Los que se van*, tanto en asuntos como en espíritu y técnica, Pero al año siguiente en 1931, Cuadra publica un nuevo libro, *Repisas*, en el cual hay cuentos como «¿Castigo?», «El sacristán» y «Chumbote» (que muestran una clara decisión de integrarse plenamente a los modos narrativos del que se conoce con el nombre de Grupo de Guayaquil).

En 1931 la revista literaria *Novelas y cuentos* de Madrid dedica su número 191 a la de la Cuadra. Entrega, con el título de uno de ellos, «La vuelta de la locura», cuatro cuentos —cosmopolitas en asunto, muy españoles en lenguaje— que ya habían aparecido en *Repisas*. La nota biográfica nos hace conocer los trabajos y proyectos que de la Cuadra traía entre manos o en mientes, alguno de los cuales tenemos hoy, al menos como obra inconclusa. Se dice allí: «Actualmente prepara dos novelas grandes tituladas *Los monos enloquecidos* visión de la jungla ecuatoriana, y *La presidencia del señor Orobio*, novela de crítica política hispanoamericana», y, algo adelante: «Tiene preparados para darlos a la imprenta dos libros más: *Cuentos de alta mar* y *Cuentos de las islas de los Galápagos*».

Al año siguiente Cuadra publica *Horno* (Talleres de la Sociedad Filantrópica, Guayaquil), libro en el cual su narrativa alcanza uno de los momentos más plenos con «Banda de pueblo» (en una segunda edición de la obra incluirá en ella *La Tigra*, otro de sus relatos magistrales, pero acaso posterior en unos cuantos años).

Son los años de más intenso trabajo literario de Cuadra; aquellos en que con más pasión se diera al arte de narrar —por el que Cuadra ocupa un lugar en nuestras letras—. Publicaba, año a año, volúmenes de cuentos, cada uno más maduro y logrado que el anterior; por aquí y allá aparecían en diarios y revistas otros cuentos; trabajaba en su primera —y que, inconclusa, sería también la única— novela, *Los monos enloquecidos*.

Esta época, la más importante de Cuadra relatista, se cierra en 1934 con la aparición de su obra maestra. *Los Sangurimas* (Editorial Cenit, Madrid, Colección Panorama Literario Español e Hispanoamericano).

Todavía en *Guásinton* (Talleres Gráficos de Educación, 1938) hallamos relatos de calidad —amén, claro está, del propio *Guásinton*, otra obra maestra del cuento ecuatoriano y americano— pero bien pudiera ser que buena parte de esos relatos pertenezcan a los años 31-33, los de «Banda de pueblo» y *Los Sangurimas* (que si ve la luz en Madrid en 1934, debió estar acabado para el 33), los del apasionado e ininterrumpido narrar.

A partir de 1934, a tiempo que disminuye el fervor del Cuadra relatista, lo hallamos empeñado en nuevos trabajos que acaso fuesen la preparación de una nueva etapa de su narrativa —etapa que cortó aún antes de que comenzara a dar sus frutos la temprana muerte de nuestro autor. Cuadra hace estudios e investigaciones de campo de las gentes montuvias— esas que cantara con grandeza épica en *Los Sangurimas*. Su misma actividad de abogado le ponía en contacto con gentes y casos representativos de la problemática del hombre montuvio o él iba a buscarlos, río arriba. De estos estudios y observación nace, en 1937, su ensayo «El montuvio ecuatoriano» (Ediciones Imán, Buenos Aires). En otro terreno, Cuadra preparaba materiales para una obra sobre el general Eloy Alfaro.

A estos trabajos hay que añadir las funciones públicas que cumplió Cuadra. Fue secretario de la Gobernación del Guayas, subsecretario de Gobierno y secretario general de la Administración Pública, cónsul en Argentina y Uruguay.

Así pues, en un estudio de transición en su carrera de relatista, y en plena actividad en otros órdenes sorprendió la muerte a José de la Cuadra en 1941, a sus treinta y siete años de edad.

Cuadra dejó de sí la imagen de un hombre recto y noble, amante de la justicia, cultivado, trabajador y artista.

Esta la crónica y noticia de José de la Cuadra, que es más bien breve. Mucho más interesante y más fecundo para la inteligencia de su obra es seguir la evolución de su arte narrativo.

Los Sangurimas

Cuadra alcanzó el punto más alto de su producción en *Los Sangurimas*, novela corta más ambiciosa y aún más grande que *La Tigra*.

A medida de la importancia que su autor daba a esta obra, *Los Sangurimas* se abre con solemne pórtico.

Se titula ese preámbulo «Teoría del matapalo», y allí está la clave del libro (¿y cómo no la han visto los que creen que a *Los Sangurimas* le falta unidad?)

Dice Cuadra en «Teoría del matapalo»:

El matapalo es árbol montuvio. Recio, formidable, se hunde profundamente en el agro con sus raíces semejantes a garras. Sus troncos múltiples, gruesos y, fornidos como torsos de toro padre, se curvan en fantásticas posturas, mientras sus ramas recortan dibujos absurdos contra el aire soleado o bañado en luz de luna, y sus ramas tintinean al viento del sudeste.

...

El pueblo montuvio es así como el matapalo, que es una reunión de árboles, un consorcio de árboles, tantos como troncos.

La gente Sangurima de esta historia es una familia montuvia en el pueblo montuvio, un árbol de tronco añoso, de fuertes ramas y hojas campeantes a las cuales, cierta vez, sacudió tempestad.

Los Sangurimas está allí anunciado: el viejo Sangurima es ese tronco añoso, y el libro nos cuenta la historia de esa tempestad que sacudió a las hojas, hasta dar con el añoso tronco, y con todos los ramales que se apiñaban en su torno, en tierra.

Dentro de esta construcción vegetal, la historia tiene tres grandes partes: el viejo, sus hijos, sus nietos. A modo de zaga —forma primitiva de relato cíclico o radial— pasa revista a generaciones de una misma gente.

«El tronco añoso» —título de la primera parte— es el origen, el abuelo Nicasio, la mayor creación del libro. Acaso la única, porque este es libro que llena una única y gran figura, la del viejo.

De los Sangurimas de Balao, gente de bragueta. «Gente brava, amiga. Los tenían bien puestos, donde deben de estar. Con los Sangurimas no se jugaban naiden». A su padre, el gringo, lo mataron por haberse acostado con la Sangurima...

Mi tío Sangurima se calentó. Buscó al gringo y lo mató. Mi mamá no dijo esta boca es mía. Cuando nací, mi mamá me atendió como pudo. Pero, en cuanto se alzó de la cama, fue a ver a mi tío. Lo topó solo. Se acomodó bien. Le tiró un machetazo por la espalda y le abrió la cabeza como un coco. Nada más.

Cuadra ha rodeado al viejo Sangurima de leyenda, que adensan hermosos cuadros —como aquel, delicioso, que nos lo pinta abrazado al amigo muerto, en pleno funeral, en gran charla con él como si nada hubiera pasado—. Era tanta la leyenda que bien podía el coro montuvio rumorear que el viejo había pactado con el diablo, así como otros decían que su riqueza provenía de un entierro. Cuadra ha hecho a su héroe centro de las más caras mitificaciones montuvias; ha dado a las consejas tratamiento grande y ha urdido rasgos tan originales y poderosos, que ño Sangurima resulta una figura señera.

Debajo de su cama el viejo guardaba las cenizas de sus dos mujeres, en sendas ánforas, y un ataúd para él mismo...

Aseguraba ño Sangurima que sus dos mujeres muertas se le aparecían, de noche, saliendo de sus cajones, y que se acostaban en paz, la una de un lado, la otra del otro, en la cama junto al hombre que fuera de ambas.

El paisaje guarda armonía con la grandeza épica de las gentes y el misterio de sus cuentos. Como el río de los Mameyes con sus avenidas de cadáveres y la canción muy bonita que canta constantemente. Como la casa grande que «era enorme, anchurosa, con cuartos inmensos, con galerías extensísimas».

Fragmentariamente y casi en desorden se nos va dando la historia del viejo Sangurima —como en *El oso* de Faulkner, uno de los más hermosos cuentos que se haya escrito nunca—.

Cada párrafo lleva su título, cosa que confiere al relato un ritmo y tonos sencillos y directos. Y se acaba por el final: una de las últimas imágenes que recuerda el viejo es la de su madre que, con él, chiquitín, de la mano llevó a La Hondura y se hizo una cabaña.

La segunda parte se titula «Las ramas robustas». Trata de los hijos del viejo. Ventura, el pobre diablo, que tiene lo de trabajar como maña —»yo soy como el burro, que cuando coge una maña...»—; Terencio, el cura; Francisco, al que el viejo hizo abogado para que le peleara las tierras y que cuando vio que las iba a perder el leguleyo, encaprichado; no quiso retirarse del pleito, lo hizo matar; Eufrasio, el coronel, el preferido del viejo y el heredero de la sangre Sangurima, valentón, dominador de las hembras, montonero que se ponía en camino para todas las revueltas y que no alcanzaba a llegar de tanta depredación como iba haciendo sobre la marcha.

Esos eran los troncos. Los otros hijos del viejo eran bejucos. Gentes que trabajaban la semana en el campo, se emborrachaban los sábados y domingos y a quienes sus mujeres les parían hijos incontenidamente.

La presencia del viejo Sangurima preside discretamente la segunda parte del relato. Lo que cuenta es el miedo que le tiene Ventura o la predilección que siente por el coronel. Al comenzar la tercera, esa presencia se aviva. Se recuerda que el sistema era patriarcal y que la autoridad del abuelo Sangurima no la discutía nadie.

Esta tercera parte «Torbellino en las hojas» comienza con la llegada de las tres hijas de Ventura de un internado de señoritas de Guayaquil, donde estudiaban. Se enamoraron de ellas los tres hijos del coronel Sangurima —valentones con un fondo canalla—. Son días de jarana seguida. Y, al fin, los tres Sangurimas piden la mano de sus primas al tío.

Él, que fincaba en ellas grandes esperanzas, da largas. Y al sentirse rechazados los muchachos, la tragedia se anuncia. A la noche una de las muchachas se huye con uno de ellos, los «Rangeles», como se les nombra, y no se vuelve a saber más de ella, hasta que Ventura y Terencio la hallan medio devorada de los gallinazos y con un palo clavado en el sexo.

Llega hasta Guayaquil noticia del crimen y llama la atención hacia esas heroicas y bárbaras gentes de la tribu Sangurima.

La policía rural llega en busca de los Rangeles, asesinos. Y a la hora de pelear con ellos, los de Ventura se mantienen pasivos: se han desunido los Sangurimas. El viejo, que escondía a sus tres nietos predilectos, tiene que ver cómo se los lleva la justicia. Su último empeño por libertarlos fracasa y tiene que huir al monte espeso.

El epílogo está lleno por la figura del viejo Sangurima. Cuenta al hijo cura el plan que tuvo para rescatar a los muchachos de manos de la rural y que asustó al coronel. Y el diálogo nos muestra cómo ama el viejo a los que reconoce suyos, Sangurimas.

Y hay dos parlamentos claves, en este final triste y grande:

«Habría sido un crimen horrendo, papá. Su alma mismamente se habría perdido —dice el cura, al conocer el plan que había urdido el viejo...»

Y el viejo Sangurima le replica:

«Usted lo creerá así; pero yo no... Para mí las cosas son

de otro modo...»

Y tiene toda la razón el viejo montuvio: su filosofía de la vida, su sistema de valores, y, consecuentemente, su ética, son otros. Su modo es otro. Precisamente el que nos ha hecho conocer de modo magistral, el novelista. A esas gentes montuvias y su mundo ha cantado Cuadra. Pero como algo que acaba. Estos son verdaderamente *Los que se van*. De allí el tono elegíaco que cierra el relato.

El viejo Sangurima, vencido, siente nostalgia de no haberse acabado peleando:

«Nos habríamos acabado toditos... Claro; más mejor... Más mejor que fuerte, es irrefrenable. De ahí su panteísmo. De ahí su constante fabricación». La narrativa mayor de Cuadra tiene como héroes a gentes montuvias. Y en las narrativas nos dijo lo mejor y más hondo que del montuvio sabía —con la sabiduría cordial del novelista—.

El haber borrado las fronteras que separan, en el realismo, a la leyenda de la historia; el haber iluminado lo cotidiano con luz de maravilla; el haber logrado un enorme y armonioso mito. Esos son *Pedro Páramo* y *Cien años de soledad*, y eso es *Los Sangurimas*.

No cabe duda: Cuadra es figura mayor, no solo de la literatura ecuatoriana, sino de la americana. Por sus relatos magistrales y por el anuncio, limpio y luminoso del realismo mágico.

LOS SANGURIMAS

Teoría del matapalo

El matapalo es árbol montuvio. Recio, formidable, se hunde profundamente en el agro con sus raíces semejantes a garras. Sus troncos múltiples, gruesos y fornidos como torsos de toro padre, se curvan en fantásticas posturas, mientras sus ramas recortan dibujos absurdos contra el aire asoleado o bañado de luz de luna, y sus ramas tintinean al viento del sudeste.

En las noches cerradas, el matapalo es el símbolo preciso del pueblo montuvio. Tal que él, el pueblo montuvio está sembrado en el agro, prendiéndose con raíces como garras.

El pueblo montuvio es así como el matapalo, que es una reunión de árboles, un consorcio de árboles, tantos como troncos.

La gente Sangurima de esta historia es una familia montuvia en el pueblo montuvio, un árbol de tronco añoso, de fuertes ramas y hojas **campeantes**[1] a las cuales, cierta vez, sacudió la tempestad.

Una unidad vegetal, en el gran matapalo montuvio.

Un asociado, en esa organización del campesino litoral cuya mejor designación sería: MATAPALO, C.A.

....

[1] Viene del verbo campear, es decir, mostrar el color verdoso que denota el brote de la planta.

Primera parte
El tronco añoso

I

El origen

Nicasio Sangurima, el abuelo, era de raza blanca, casi puro.

Solía decir:

—Es que yo soy hijo de gringo.

Tenía el pelo azambado, revuelto en rizos prietos, como si por la cabeza le corriera siempre un travieso ciclón: pero era de cabello de hebra fina, de un suave color flavo, como el de las mieles maduras.

—Pelo como el fideo «cabello de ángel» que venden en las pulperías, amigo. ¡Cosa linda!

Las canas estaban ausentes de esa mata de hilos ensortijados. Por ahí en esa ausencia, denotaba su presencia remota la raza de África.

Pero don Nicasio lo entendía de otra manera:

—¿Pa qué canas? Las tuve de chico. Ahora no. Yo soy, de madera incorruptible, **guachapelí**, a lo menos.

Tras los párpados abotagados, enrojecidos, los ojos rasgados de don Nicasio se mostraban realmente hermosos. La pupila era verdosa, cristalina, con el tono tierno de los primeros brotes de la caña de azúcar. O como la hierba recién nacida en lo mangales.

Esos ojos miraban con una lenta dulzura. Plácidos y

felices.

Cuando joven, cierta vez, en Santo Domingo de los Colorados, una india bruja le había dicho a don Nicasio:

—Tienes ojos pa un hechizo.

Don Nicasio repetía eso, verdadero o falso, que le dijera la india bruja, a quien fuera a buscar para que le curara de un mal secreto.

Se envanecía:

—Aquí donde me ven, postrado, jodido, sin casi poder levantarme de la hamaca, cuando mozo hacía daño... le clavaba los ojos a una mujer, y ya estaba... No le quedaba más que templarse en el catre... ¡Hacía raya, amigo!... Me agarraron miedo... ¡Qué monilla del cacao!... Yo era pa peor...

Donde mejor se advertía la raza blanca de don Nicasio era en el tinte de la tez y en la línea regular del perfil.

A pesar del sol y de los vientos quemadores, su piel conservaba un fondo de albura, apreciable, bajo las costras de manchosidad, como es apreciable, en los turbios de las aguas lodosas, en el fondo limpio de arena.

Y su perfil se volteaba en un ángulo poco menos que recto, sobre la nariz vascónica al nivel de la frente elevada.

—Es que soy hijo de gringo, pues: ¿no creen?

—¿Y cómo se llama Sangurima, entonces, ño Nicasio? Sangurima es nombre montuvio; no es nombre gringo. Los gringos se mientan Juan, se mientan Jones; pero Sangurima, no.

—Es que ustedes no saben. Claro, claro. Pero es que yo llevo el apelativo de mi mama. Mi mama era Sangurima. De los Sangurimas de Balao.

—¡Ha!...

Gente de bragueta

—Gente brava, amigo. Los tenían bien puestos, donde deben estar. Con los Sangurimas no se jugaba naidien.

Fijaba en el vacío la mirada de los ojos alagartados, melancólicos como trayendo un recuerdo perdido.

Él insistía:

—Gente de bragueta, amigo. No aflojaban el machete ni pa dormir. Y por cualquier cosita, ¡vaina afuera!

Imitaba el gesto vagamente.

—Eran del partido de García Moreno. Siempre andaban de aquí pa allá con el doctor. Cuando la guerra con los paisas de Colombia ahí estuvieron.

Los amores del gringo

Si ño Nicasio estaba de buen humor, se extendía en largas charlas acerca de los amores de su padre con su madre.

—Mi mama era, pues, doncella cuando vino el gringo de mi padre y le empezó a tender el ala. A mi mama dizque no le gustaba; pero el gringo era fregado y no soltaba el anzuelo...

—Su señora mamás querría no más, ño Nicasio. Así son las mujeres, que se hacen las remolonas pa interesar al hombre.

—Mi mama no era así, don cojudo. Mi mama era de otro palo. De a veras no quería. Pero usté sabe que la mujer es frágil.

—Así es, ño Nicasio. No monte a caballo.

De este jaez continuaba la narración, interrumpida por las observaciones del interlocutor, que colmaba de rabia al anciano.

A lo que este contaba, el gringo aquel de su padre apretó tanto el nudo que al fin consiguió lo que pretendía.

—Y ahí fue que me hicieron a mí. Y tan bien hecho, como usté me verá.

—Así es, don Sangurima.

—Claro que así es.

—Claro.

Cuna sangrienta

—Pero ahí no paró la vaina... Cuando mi papá se aprovechó de mi mama, ninguno de mis tíos Sangurimas estaba en la finca. Andaban de montoneros con no sé qué general... Eran igualitos a mi hijo Ufrasio... Al primero que vino, le fueron con el cuento.

—¿Y qué pasó?

—Nada. Mi tío Sangurima se calentó. Buscó al gringo y lo mató. Mi mama no dijo esta boca es mía. Nací yo. Cuando nací, mi mama me atendió como pudo. Pero, en cuanto se alzó de la cama, fue a ver a mi tío. Lo topó solo. Se acomodó bien. Le tiró un machetazo por la espalda y le abrió la cabeza como un coco. Nada más.

—¡Barajo, qué alma!

—Así es, amigo. Los Sangurimas somos así.

—¿Y no siguió más el asunto?

—Habría seguido; pero el papás de mi mama se metió de por medio, y ahí acabó el negocio... Porque lo que el papás de mi mama mandaba, era ley de Dios...

II

Leyendas

De ño Nicasio se referían cosas extravagantes y truculentas.

En las cocinas de las casas montuvias, a la hora del café vespertino, tras la merienda, se contaban acerca de él historias temerosas.

Los madereros de los desmontes aledaños encontraban en los presuntos hechos del viejo Sangurima tema harto para sus charlas, reunidos en torno a la fogata, entre el tiempo que va de la hora de la comida a la hora de acostarse, cara al cielo, sobre la tierra talada.

Los canoeros, bajadores de fruta desde las haciendas arribeñas, al acercarse a la zona habitada por los Sangurimas, comenzaban imprescindiblemente a relatar las leyendas del abuelo.

Pero donde más se trataba de él era en los velorios...

Amistad de ultratumba

El cadáver estaba tendido sobre la estera desflecada, más corta que el cuerpo del muerto, cuyas extremidades alargadas sobresalían en las cañas desnudas del piso. Reposando en la estera que antes le sirviera de lecho, el difunto esperaba, con una apropiada tranquilidad de ultratumba, la canoa donde sería embarcado para el gran viaje.

El ataúd lo construían abajo, en el portal, unos cuantos amigos, dirigidos por el maestro carpintero del pueblo vecino.

Circulaban por la sala las botellas de **mallorca**[2], para sorber a pico.

Decía una vieja, comentando la broma de uno de los asistentes:

—¡Vea que don Sofronio es bien este pues!

Con eso significaba una multitud de adjetivos.

—¡Ja! ¡Ja! ¡Ja! Bien este pues...

Otra vieja, tras la profunda chupada del cigarro dauleño, sabroso como un pan, musitaba, aludiendo al muerto pacífico:

—Vea cómo se ha muerto, pues, ño Victorino...

Terciaba otra vieja:

—¡Lo que somos!...

Se generalizaba la conversación.

—¡Tan fregao que era ño Victorino!

—Así es, pues.

—Y ahora, con la josca...

—Es que la muerte enfunde respeto.

—Así es, pues.

La viuda, llorosa, intervenía:

—¡Lo que le gustaba al difuntito el agua de coco!

—¿De veras?

—Sí. De antes de morir, pocos días no más, hizo que Juan le bajara una palma. El finadito mismo quería subir... Ahora, a la palma le ha caído gusano.

....

[2] Aguardiente anisado.

Giraba otra vez la charla hacia la seriedad de la muerte.

—¡Y vean ustedes! ¿Saben lo que hizo Sangurima, el viejo, una vez en Pechichal Chico?

—No.

—Cuente.

—¿Qué hizo?

—Se le había muerto un compadre, Ceferino Pintado; ¿se acuerdan?

—¡Ah! ¿Ceferino? ¿Ese que decían que vivía con la misma mama?

—Ese... Era bien amigo de ño Sangurima... Juntos se emborrachaban.

—Claro; un día, en Chilintomo...

—No interrumpas. Deja que cuente ña Petita.

Ña Petita proseguía:

—La tarde que se murió Ceferino llegó al velorio ño Sangurima. Estábamos en el velorio bastantísima gente. Porque Pintado, a pesar de lo malo que era, era bien amiguero. Y llegó ño Sangurima. «Salgan pa ajuera, que quiero estar solo con mi compadre». Y agarramos y salimos. Se quedó adentro de la sala y cerró las puertas. Entonces oímos que se empezaba a reír y a hablar despacito. Pero eso no es nada. De repente oímos que Ceferino también hablaba y se reía. No entendíamos nada. Bajamos toditos corriendo, asustados. De abajo preguntamos: «¿Qué pasa, ño Sangurima?». Él se asomó a la ventana. Tenía al lado al muerto, abrazado. El viejo nos decía: «No sean flojos. Suban nomás. Ya voy a ponerlo en la caja otra vez a mi compadre. Estábamos despidiéndonos. Pero ya se regresó adonde Dios lo ha colocado. Vengan pa explicarles cómo es eso. Hay pa reírse». Subimos. En la cara tenía una mueca como si todavía se estuviera riendo... Ño Sangurima se despidió de él, apretándole la mano: «Hasta la vista compadre. ¡Que te vaya bien!» Tiró por su caballo y se fue... Yo me creo que estaba jumo...

—Jumo estaría.

Alguno de los contertulios murmuraba.

—La que estaría juma sería ña Petita. Ahora mismo el mallorca la ha mariado.

—Así es, pues.

El capitán Jaén

No faltaba quien narrara de seguida otra historia del viejo:

—Pero la que dizque hizo en Quevedo, no la hizo jumo. Bueno y sano estaba.

—¿Cómo fue esa?

—Ño Sangurima era liga del capitán de Jaén, ¿se acuerdan?; y la montonera de Venancio Ramos tenía preso en un **brusquero**[3] lejísimo a Jaén. Quería matarlo, porque Jaén era de la rural y les metía a los montoneros la ley de fuga como a los **comevaca**[4] .

—¡Bien hombre, Jaén! ¿No?

—Ahá... El viejo Sangurima supo y rezó la oración del Justo Juez. «Ya verán cómo se les afloja Jaén», dijo. Después sacó el revolver y disparó al aire. Se rio. «Esta bala le ha llegado al corazón al pelado Ramos»... Al otro día llegó a Quevedo el capitán Jaén... «Cómo te zafaste, Jaén?». «Ahí verán, pues ni yo mismo sé». «¿Y qué es del pelado Venancio?». «Gusanera. Una bala que salió del monte lo mató.» Ño Sangurima preguntó: «¿Dónde le pegó la bala?». «En la noble; me creo que el corazón había sido». Ño Sangurima se golpeó la barriga de gusto. «Todavía tengo buena puntería, carajo», dijo.

....

[3] Matorral.
[4] Cuatrero, ladrón de ganado.

De esta laya eran las historias que se referían en torno de la persona de ño Sangurima.

III

Pacto satánico

Los montuvios juraban que ño Nicasio tenía firmado pacto con el diablo.

—¿De veras?

—Claro.

—Eso sucedía en un tiempo antiguo. Ahora ya no pasa.

—Pero es que ustedes no saben. Ño Nicasio es viejísimo.

—¿Más que la sarna?

—¡No arrempuje!... Pero más que el matapalo grande de los solises...

—¡Ah!...

Alguno aludía hasta al instrumento del pacto:

—Mi abuelo que fue sembrador de ño Sangurima en la hacienda, lo vido. Estaba hecho en un cuero de ternero que no había nacido por donde es de nacer.

—¿Cómo?

—Sí, de un ternero sacado abriéndole la barriga a la vaca preñada... Ahí estaba. Escrito con sangre humana.

—¿De ño Nicasio?

—No, de una doncella menstruada.

—¡Ah!

—¿Y dónde lo tiene guardado el documento?

—En un ataúd, en el cementerio del Salitre, dicen. Enterrado.

—¿Y por qué, ah?

—El diablo no puede entrar al cementerio. Es sagrado. Y no le puede cobrar a ño Sangurima. Ño Sangurima se ríe del diablo. Cuando va por su alma, le dice: «Trae el documento pa pagarte». Y el diablo se muerde el rabo de rabia, porque no puede entrar al camposanto a coger el documento. Peor se desquita haciendo vivir a ño Sangurima. Ño Sangurima quiere morirse pa descansar. Ha vivido más que ningún hombre de estos lados. El diablo no lo deja morir. Así se desquita el diablo...

—Pero ño Sangurima está muerto por dentro, dicen.

—Así ha de ser, seguro.

El precio

Algún curioso interrogaría sobre el precio de la venta.

—¿Y cuánto le dio el Patica a ño Sangurima por el alma?

—¡Uy! Tierra, plata, vacas, mujeres...

Cualquier montuvio viejo intervendría, entonces:

—Ustedes conocen cómo es ahora la hacienda de ño Sangurima: La Hondura. Vega en la orilla, no más. Pa dentro, barranco alto todito. Terreno pa invernar. Lomoales. Más antes no era así.

—¿Y cómo era?

—Mi padre contaba que, cuando él era mozo, eso no era más que un tembladeral grandísimo. Por eso lamentaban La Hondura, que le ha quedado de nombre.

—¡Ah!...

—Cuando ño Sangurima se aconchabó con el Malo, compró el tembladeral... ¿saben en cuánto?... en veinte pesos... Pa disimular, él dice ahora que se lo dejó la mama... Pero no es así... Y en seguida empezó a secarse el pantano y a brotar la tierra solita... Mismamente como cuando cría carne en una herida. ¿Han visto?

—¡Barajo!

—Fue por arte del diablo.

—Así tiene, pues, que ser.

—Dizque cuando se muera ño Sangurima, se hundirá la tierra de nuevo y saldrá el agua, que está debajo no más, esperando.

—Así ha de ser, pues.

—Así ha de ser.

El entierro

Había otra leyenda de riquezas llegadas por causas extraordinarias.

Aquí se trataba de un entierro que ño Nicasio habría descubierto.

—Claro que fue cosa del diablo, también, como todo.

—¿Y cómo fue eso?

—Verán. De que ya firmó el pacto malo ño Sangurima podía hablar con los muertos. Vido un día que en una mancha de guadúa ardía una llama. Entonces fue y le dijo a la candela: «¿Qué se te ofrece?». La llama se hizo un hombre y le dijo: «Yo soy el mentado Rigoberto Zambrano, que viví por estos lados hacia un mundo de años. Tengo una plata guardada, que es para vos. Sácala». Ño Sangurima dijo que bueno y le preguntó que qué había que hacer. El muerto le dijo que le mandara a decir las treinta misas de San Gregorio y las tres de la Santísima Trinidad. Ño Sangurima se conformó. «¿Y qué más, señor difunto?», le averiguó. Y entonces fue lo gordo. El mala visión le dijo que para sacar el entierro había que regar la tierra encima con sangre de un niño de tres meses que no hubieran bautizado.

—¿Y qué hizo ño Sangurima?

—Se puso a buscar un chico así. Dizque le decía a la gente: «Adiós, véndanmelo: yo les pago bien. Más que por un caballo de paseo». Pero la gente no quiso.

—Claro.

—Entonces ño Sangurima dizque agarró y dijo: «Tengo que hacerlo yo mismo al chico». Él no tenía ni hijos ni mujer todavía. Estaba mocito, dicen.

—Ahá.

—Entonces fue y se sacó a la **melada**[5] de Jesús Torres, que era muchacha virgen, y la hizo parir. Parió un chico mismamente. Y cuando el chico tuvo tres meses, ño Sangurima lo llevó donde estaba el entierro. Le clavó un cuchillo a la criatura, regó la tierra y sacó afuera el platal del difunto. Dizque era un platal grandísimo, en plata goda...

—¡Ah!...

—¿Y la melada Jesús Torres qué hizo?

—Cuando supo se volvió loca, pues. La llevaron a Guayaquil. En el manicomio murió, hace años.

—¿Cuántos?

El narrador se quedaría pensativo. Voltearía en blanco los ojos. Y balbuciría, a la postre:

—Según mis cábulas, a lo menos cien...

El más crédulo de sus oyentes fijaría el colofón indis-

....

[5] De color miel.

pensable:

—Así ha de ser, pues.

IV

Rectificaciones

Cuando se le averiguaba a ño Nicasio Sangurima por la melada Jesús Torres se advertía en su rostro un gesto de contrariedad.

—A usté le han contado alguna pendejada. Yo no sé qué tienen los montuvios pa ser tan hablantines. De veras les taparía la boca, como a los esteros pa coger pescado. Igualito. Todo andaría más mejor.

Sonreía limpiamente, con un mohín **pueril**[6].

—Y vea usté. Algo hay de cierto en eso. Pero no como dicen.

—¿Y qué hay de cierto, ño Nicasio?

—Yo me saqué a la melada Jesús, cuando era hija de un padrino mío de por aquí mismo no más, y le hice un hijo. El chico era enfermón bastante. Una noche le dio un aparato como que se iba a quedar muerto. Yo lo agarré y corrí pa llevarlo a la casa de mi compadre José Jurado, que era curandero. En el camino estiró la pata el angelito; y así fue que lo regresé donde la mama. La melada que vido al chico muerto,

....

[6] Propio de un niño. En este contexto, quiere decir que ño Nicasio hizo un gesto infantil o despreocupado.

lo mancornó y no quiso soltarlo. Dos días lo tuvo apretado. No había cómo quitárselo. El muertecito ya apestaba y tuvimos que zafárselo a la fuerza. Entonces la melada se puso a gritar: «Dame a mi hijo», que no había quién la parara... Se estuvo gritando un tiempísimo... Y así fue que se volvió loca. Yo la mandé a Guayaquil, al manicomio Lorenzo Ponce. Ahí rindió sus cuentas con Dios a los tres años de eso.

—Ah...

—Y vea, amigo, lo que cuenta la gente inventora...

—Así es, ño Sangurima.

Mazorcas de hijos

El viejo Sangurima se había casado tres veces. Sus dos primeras mujeres murieron mucho tiempo atrás. La última vivía aún, inválida, **chocheando**[7], encerrada en un cuarto de la casa grande de La Hondura.

Además, don Nicasio se había amancebado un sinnúmero de veces y tenía hijos suyos por todas partes. En los alrededores y muy lejos.

—Hasta en Guayaquil tengo hijos. Es pa que no se acaben los Sangurimas. ¡Buena sangre, amigo! ¡Gente de bragueta, con las cosas puestas en su sitio!

—¿Y cuántos hijos mismo tiene, don Nicasio?

Si estaba a mano una mazorca de maíz, la mostraba al preguntón.

—Cuente los granos, amigo. ¿Ya los contó? Ese número.

—¡Barajo, don Nicasio!

....

[7] Viene del verbo chochear: debilidad de las facultades mentales por efecto de la edad.

Hábitos fúnebres

Don Nicasio conserva una respetuosa memoria de sus dos esposas fallecidas.

No había querido utilizar para sus cadáveres cementerio alguno.

—¿Por qué, ño Nicasio?

—¡Las pobrecitas! Ahí hay tanta gente, a la hora del Juicio, ¿cómo iban a encontrar sus **huesamentas**[8]? Ellas, que no servían pa nada. ¡Cómo iban a poder valerse! Yo tendré que ayudarlas.

Probablemente por aquello del auxilio futuro, las tuvo un tiempo enterradas en una colina de La Hondura, cerca de la casa grande.

Luego exhumó los cadáveres y metió los huesos en cajitas adecuadas.

Las dos cajitas que contenían los despojos de sus mujeres, las guardaba debajo de su cama, al lado del ataúd vacío que se había hecho fabricar expresamente para él.

Cada fecha aniversaria de la muerte de alguna de ellas, extraía los restos y los limpiaba con alcohol. En esta labor lo ayudó mientras pudo su tercera mujer.

El ataúd que se reservaba para él estaba labrado en madera de amarillo, y era muy elegante. Lo mantenía aforrado de periódicos.

—De que me muera, no voy a fregar a naidien con apuros. Debajo de la cama tengo la canoa. La sacan, me embarcan, y hasta la vuelta. Es lo mejor.

Cuando aseaba las cajas de restos, aseaba también el ataúd con un delicado esmero y cambiaba el forro de periódicos.

....

[8] Osamentas. Conjunto de huesos que se conservan de una persona.

Apariciones

Aseguraba ño Sangurima que sus dos mujeres muertas se le aparecían, de noche, saliendo de sus cajones, y que se acostaban en paz, la una de un lado, la otra del otro, en la cama, junto al hombre que fuera de ambas.

—Oigo chocar sus huesos, fríos. Y me hablan. Me hacen conversación.

—¿Y no le da miedo, don Nicasio?

—Uno le tendrá miedo a lo que no conoce; pero a lo que se conoce no. ¡Qué miedo les voy a tener a mis mujeres! No dirá usté que no las conozco hasta donde más adentro se puede... Me acuerdo de cómo eran en vida. Y las sobajeo... ¡Lo malo es que donde antes estaba lo gordo, ahora no tienen más que huesos, las pobres!

V

El río

La hacienda de los Sangurimas era uno de los más grandes latifundios del agro montuvio.

Ni su propietario conocía su verdadera extensión.

—¿Por qué no la ha hecho medir, ño Nicasio? —le preguntaba alguno de la ciudad, ignorante de ciertas supersticiones campesinas.

—¡Y pa qué! Yo en eso, amigo, soy como el samborondeño «come bollo maduro»... Lo que se mide, o se muere o se acaba. Es presagio pa terminarse.

—¡Ah!

En una línea de leguas, La Hondura se alargaba sobre el río de los Mameyes. Esa ribera podía considerarse como el frente de la hacienda.

El río de los Mameyes es muy poco navegable por embarcaciones de algún calado. Se hace menester, para surcarlo, disponer de canoas de fondo plano y ancho, fuertemente resistentes, de madera gruesa y dura, para que soporte los choques frecuentes con las piedras del lecho y con los carrancos macizos.

El río de los Mameyes viene de la altura, rompiendo cauce brevemente. La tierra se le opone; pero él sigue adelante, hacia abajo, en busca del mar. A través de una serie de confluencias, lanza al fin sus aguas, por el Guayas, al golfo de Guayaquil, en el océano Pacífico.

En la región de La Hondura, ya en zona costeña, el río de los Mameyes no pierde todavía sus ímpetus de avenida serrana.

Se enreda en reversas y en correntadas. Va por rápidos peligrosísimos. Forma cataratas y saltos anchos. Se encaña. Curva, volviendo sobre su rumbo. Sus ondas caían, en cierto tramo.

No obstante, con alguna habilidad se logra recorrerlo, de la casa de la hacienda para abajo, hacia Guayaquil.

Los **baquianos**[9] dicen:

—Es que el que sabe, sabe. Lo mismo pasa con los potros. Si uno no sabe montar, lo tumba el animal. Pero, si sabe montar, no lo tumba. Así mismo es el río. Hay que saber cómo se lo monta.

El río de los Mameyes debe más vidas de hombres y animales que otro río cualquiera del litoral ecuatoriano.

Durante las altas crecientes, se ven pasar velozmente, aguas abajo, cadáveres humanos inflados, moraduzcos, y restos de perros, de terneros, de vacas y caballos ahogados. En cierta época del año, para los llenos del Carnaval y la Semana Santa, sobre todo, se ven también cadáveres de monos, de jaguares, de osos frente blanca y más alimañas de la selva subtropical. Sin duda para entonces, el río de los Mameyes hincha sus cabeceras y se desparraman sobre la selva lejana, haciendo destrozos.

El río de los Mameyes sabe una canción muy bonita, y la van cantando constantemente.

....

[9] Persona experta en caminos, estrechos, atajos. En este caso, un experto en navegar ríos correntosos.

Al principio encanta escucharla. Luego, fastidia. A la larga termina uno por acostumbrarse a ella, hasta casi no darse cuenta de que se la está oyendo.

Esta canción la hacen sus aguas al rozar los pedruscos profundos.

Parece que esa canción tuviera dulces palabras, que el río fuera musitando...

Viejo amor

Los montuvios relatan una leyenda muy pintoresca acerca de esa canción del agua.

En tal leyenda figura una princesa india, enamorada de un blanco, probablemente de un conquistador español. A lo que se entiende, la princesa se entregó a su amante, el cual la abandonó. La pobre india llora todavía ausencias del dueño.

Por supuesto, esta leyenda no es particular de los Mameyes. En otros ríos de la costa, se cuentan leyendas parecidas.

Seguramente todas estas narraciones no son sino variantes de una sola, con alguna base cierta, cuya exacta ubicación de origen no se encontrará ya más.

Tierra pródiga

A La Hondura la cruzan varios riachuelos y pequeños esteros, que se alimentan uno de otro, concluyendo todos por afluir al río de los Mameyes.

Gracias a esta irrigación natural, los terrenos de la finca son de una fertilidad asombrosa. Se creería que se tratara de tierra virgen, donde jamás se hubiera ensayado cultivo alguno y donde las vegetaciones espontáneas se vinieran sacudiendo desde los días remotos, la una encima de la otra.

Hay trozos de montaña cerrada, donde abunda la caza mayor.

Hay grandes cuarteles para ganado.

Huertas de cacao y de café. Sembríos de plátanos.

Fruteladas.

Y arrozales.

El árbol del muerto

Don Nicasio Sangurima acostumbraba a decir, con un íntimo orgullo:

—En La Hondura hay partes pa sembrarlo todo. Hace uno un hueco, mete una piedra y sale un árbol de piedras.

Se reía.

—Una vez que enterraron en un bajial a un muerto, al día siguiente lo encontraron parado.

—¿Habría resucitado, tal vez?

—No; se había hecho árbol...

Tornaba a reír.

—El árbol del muerto... ¿No han oído decir? No es un árbol como los otros. Se hizo de un cuerpo difunto. Está ahí, a la vuelta de los porotillos de Poza Prieta. Aquí, a dos horas.

VI

Acuerdos familiares

El caserío de La Hondura era nutrido y apretado.

Más de una docena de casas tamañas de madera, techadas de zinc, rodeaban el caserón de la hacienda, el cual estaba habitado por el viejo Sangurima.

En cada una de ellas vivía la familia de uno de los hijos legítimos de ño Nicasio, quienes habían sido dieciséis en total.

Los demás hijos, si residían también en La Hondura, habían construido sus moradas por los sitios distantes.

Se entendía tácitamente que el habitar cerca del abuelo Sangurima era como un derecho reservado a sus parientes de sangre que legalmente lo fueran.

Empero se sabía de antemano que todos los hijos, de cualquier calidad, tocarían a la herencia de la tierra.

Ño Sangurima había dividido por anticipado la finca en tantas parcelas cuantos hijos tenía. Nada de testamento. La orden, no más, trasmitida de palabra al hijo mayor —Ventura Sangurima—, que era un sesentón.

—Papeles, ¿pa qué? Si estuviera vivo mi hijo abogao, bueno. Pero, de no...

Este hijo doctor había muerto tiempo atrás en circunstancias horribles.

—Como el pobre Francisco ya no es de este mundo, ¿pa qué papeleo? Lo que yo mando se hace, no más... Ya sabes, Ventura... cuando yo pele el ojo, agarras y le das a cada uno de tus hermanos, o a las familias de los difuntitos, su pedazo igualito de tierra y un poco de vacas... Yo te diré antes de irme si queda plata, pa que lo dividas lo mismo. Tú dejas que la viuda siga viviendo aquí en la casa grande hasta que Dios se sirva de ella... Entonces te vienes tú con tu manada... Más antes, no.

—Está bien, papá.

Esas eran las disposiciones testamentarias del viejo Sangurima.

Añadía en voz baja, casi al oído de Ventura:

—A los que viven amancebados entre hermanos, me les das una parte de todo no más, como si fuera una sola persona. ¿Me entiendes? Que se **amuelen**[10] así, siquiera. Porque dicen que eso de aparejarse entre hermanos es cosa criminal... Dicen, a lo menos, los que saben de eso...

La casa grande

La casa grande de la hacienda estaba magníficamente situada a la orilla del río.

Era de sólida construcción, con maderas finas escogidas en los bosques mismos de La Hondura. La obra la hicieron alarifes montuvios, siguiendo las instrucciones del viejo Sangurima.

La casa era enorme, anchurosa, con cuartos inmensos, con galerías extensísimas.

....

[10] Del verbo amolar. Fastidiarse o frustrarse.

Las fachadas estaban acribilladas de ventanas. Entraban al interior el aire y el sol con una desmesurada abundancia. Se ocurría, al encontrarse dentro de la casa, como si se estuviera en campo abierto. Pero en las horas calurosas, el techo de tejas fomentaba un frescor delicioso en las estancias.

Solo el piso superior estaba dedicado a las habitaciones. En cuanto a la planta baja, eran bodegas para los granos, o patios empedrados y cubiertos para las cabalgaduras.

Al edificio lo coronaba un elevado mirador, donde había también una campana.

La campana se llamaba Perpetua y tenía una historia tenebrosa, como sucedía con casi todo lo de La Hondura; gentes, animales y cosas.

Contemplaciones

Habitualmente, don Nicasio subía por las tardes, a la hora de la caída del sol, al mirador, cuando no prefería acordarse en la galería fronteriza que se abría sobre el río.

Desde el mirador se gozaba de una vista hermosísima.

Se veían como un rebaño, agrupadas las casas menores en torno de la casa mayor, y más allá, las covachas de la peonada, pegadas al suelo, disimulándose en los altibajos. Por entre las edificaciones, los árboles frutales ponían sus conos verdes y sus luces doradas en tiempo de cosecha. Los caminos marcaban sus tintes parduscos. Y monte adentro, los potreros, los potreros hasta perderse en el horizonte ensangrentado por el sol atardecido. Hacia un lado, siempre monte adentro, las manchas cerradas de las huertas...

El viento sobre el río

De ahí venía constantemente un viento sobre el río cantarín. Soplaba, por lo común, en amplias ráfagas, trayendo consigo un caliente perfume de cacao, de café, de mangos maduros. Cuando el viento soplaba desde el río había de tomar cuidado, pues casi siempre se desataba una tempestad y concluía en un maravilloso juego de rayos y centellas, acompañado por lluvias torrenciales.

Desde el mirador se veía el río como una lista movediza de plata, como un camino que corriera. No se distinguían bien los saltos, y el río parecía como si fuera un plano horizontal. Se escuchaba, sí, su profundo rumor, complicado y se advertía la inusitada ligereza de sus ondas, brillantes como lomos de lizas.

VII

Memorias

El espectáculo de la Naturaleza, engreída, vanidosa, en esa zona rural, le producía a don Nicasio Sangurima un plácido efecto.

—Parece como si me hubiera tragado una infusión de valeriana, amigo. ¡Siento una tranquilidad!

Además, lo ganaba el recuerdo.

En vez del paisaje contemplaba transcurrir allá abajo su vida **atrafagada**[11], agitada eternamente, móvil y sacudida como la arena de los cangrejales.

Su vida, que era un novelón, lamentablemente verdadero...

La mama

Se veía chiquitín, prendido de la mano de la madre: una amorosa garra que se le ajustaba al brazo, para llevarlo, sorteando los peligros, salvándolo y librándolo de todos.

....

[11] Viene de atrafagarse: afanarse o agotarse. En este contexto, denota que la vida del ño Nicasio fue muy movida en su juventud.

Entonces no era así La Hondura, como ahora...

Por supuesto, tampoco era el siniestro tembladeral de las fantasías montuvias.

Era una sabana inconmensurable, que hacia el lado derecho del horizonte, contra el río, se arrugaba en unas montañas prietas, oscuras, tenebrosas, donde fijaban albergue las fábulas terribles y las más terribles verdades del campo montuvio.

Después de todo la mama venía de fuga. Temía que sobre todo el mandato del padre, imposibilitado físicamente ya, saltara la venganza de los hijos del hermano muerto por ella. Se hurtaba a los hombres como una pequeña fiera. Huía de los lugares poblados, buscando la soledad agreste, más segura que la compañía humana. Capitalmente, escapaba por defender al hijo pequeñín. Pensaba que sus sobrinos, antes que a ella misma, tratarían de herirla, en lo que le era más querido. Conocía las rígidas reglas de la ley del talión, más de una vez aplicadas entre las gentes Sangurimas...

Este sitio de La Hondura lo halló propicio. Aquí ella construyó con sus propias manos, al pie de aquel algarrobo que todavía extendía al aire sus brazos **sarmentosos**[12], como un monumento, una covachita de caña: huronera y escondite.

Vivió metida allí años tras años. Formó una chacra. De los productos se alimentaba con el chico.

—¡Cómo había cambiado todo! —murmuraba Nicasio.

Pasado mucho tiempo se avecindaron en los terrenos aledaños otras gentes.

Le preguntaron a la mujer solitaria:

—¿De quién es esta posesión, señora?

Y ella había respondido enteramente, sin vacilaciones:

—Mía, pues: ¿no ve?, ¿no está viendo? Desde aquí has-

....

[12] Delgado, flexible, nervudo.

ta allá hasta más allá. Se llama La Hondura. Si quiere, viva no más. No me opongo. Pero, ya sabe, tiene que pagarme el arriendo. En cosecha o como quiera. Pero tiene que pagarme.

—Bueno, señora. Así será.

Arreglado esto, amistaba con los recién venidos. Se dejaba hacer comadre. Iban al pueblo a bautizar a la criatura. Emparentaba así con los vecinos. Cuando fue de confirmar a Nicasio, escogió para padrino al más poderoso de aquellos.

—Esa gente desgraciada creía que mi mama vivía con mi padrino. Pero, mentira... Mi mama era una santa.

Y su hijo, Nicasio Sangurima, la había sucedido en el dominio de La Hondura.

Líos judiciales

El viejo Sangurima contaba alguna vez a sus nietos la historia de la propiedad.

Cuando mi mama me dejó pa irse al cielo, yo era mocetón no más. Pero claro era un Sangurima enterito, sin que me faltara un pelo... En seguida empecé a mandar... Dije: «Lo que es en esta posesión, naidien me ninguneas».

Y naiden me ninguneó...

—¿Y cómo fue eso del pleito, papá abuelo?

—Eso fue otra cosa... a los añísimos de estar yo aquí, cuando ya había hecho esta casa misma donde estamos ahora, la junta parroquial del pueblo vino con que era dueña de estas tierras... «Ahá», dije yo... «¿Nos entriega, a las buenas la hacienda?», me preguntaron... «Vengan por ella», les contesté... Y se le pegaron, y mandaron dos delegados del Municipio dizque... Cuando llegaron los delegados, les di posada fresca...

—¿Aquí en la casa, papá abuelo?

Don Nicasio soltaba una carcajada destempladamente:

—No; en el río...

Seguía con voz jubilosa:

—Y ahí han de estar todavía, quizá, posando... Una vez, pa una creciente fuerte, vide en la orilla un hueso de pierna. Y dije pa mí, quedito: «Este hueso ha de ser de alguno de los delegados esos». El hueso saldría a asolearse. Y pa que no se insolara, lo tiré al agua de nuevo.

—¿Y el municipio no hizo nada, papá abuelo?

—¡Cómo no! Me metieron pleito. Querían que me fuera a la cárcel y les entriegara las tierras encima.

—Ah...

—Yo bajé a Guayaquil y busqué al doctor Lorenzo Rufo, que era un abogado grandote. «Quiero peliar de veras, doctor», le dije. «Por la plata no le haga. Aquí hay plata». Y seguimos el pleito.

—Ahá.

—Mi doctor Lorenzo Rufo se murió después, y entonces yo dije: «No hay que darle de comer a un extraño. Más mejor es que yo haga un abogado de la familia». Entonces hice abogado a Francisco. Pero el pobre era bruto de **nación**[13]. Casito me pierde el pleito. Al fin otro abogado lo ganó pa siempre.

—¿Y quién fue ese abogado, papá abuelo?

—El billete, pues... a cada concejal le aflojé su rollo de billetes, y con el aceite empezaron a funcionar solitos. Hicieron una sesión en que me reconocieron como dueño y todo. ¿Me entienden?

—Ahá.

—Y por esa mala maña y porque mis cosas están en su sitio, ahora ustedes tienen tierra pa enterrarse con las piernas abiertas, si a mano viene...

—Ahá.

....

[13] De nacimiento

Segunda parte
Las ramas robustas

I

El Acuchillado

El mayor de los hijos legítimos de don Nicasio, habido en su primera mujer, era Ventura.

A Ventura Sangurima le decían el Acuchillado, por culpa de una profunda cicatriz que le cruzaba el rostro de arriba abajo. También le decían «Cara de caballo». Tenía una serie de motes a cual más pintoresco y **atrabiliario**[14].

Ventura era un tipo seco, enjuto, larguirucho. Su mentón se prolongaba en una barba encorvada, con la punta a lo lato; lo que le daba un aspecto siniestro.

No obstante, su apariencia, Ventura era en el fondo un pobre diablo. Se parecía un poco a esos termites guerreros, tremenda y aparatosamente armados, que defienden las **comejeneras**[15] en las tierras mojadas.

Ventura jamás pensaba con su cabeza. Se limitaba a obedecer las órdenes del padre, con un ciego servilismo, incapaz de raciocinar. Si el viejo Sangurima lo hubiera mandado a ahorcarse, Ventura habría cumplido el mandato sin discutirlo. A lo más, lo habría consultado con su hermano

....

[14] De carácter violento, es decir, los motes de Ventura eran groseros.
[15] Lugar donde se crían termites.

cura, pero siempre para hacer, en último término, lo que ordenara el padre.

En su obediencia había un temor oscuro, cuya memoria prendía en los días infantiles.

Ventura no olvidaba en ningún momento que su padre cumplía rigurosamente sus amenazas, por tremendas que fuesen. Recordaba que, en cierta ocasión, cuando él, Ventura, era un chiquillo, el viejo Sangurima le hizo dar cincuenta azotes de un peón negro que servía en La Hondura, y al cual no llamaban de otro modo que «Jediondo». Dizque a los primeros veinticinco azotes, Ventura se desmayó, a pesar de que el «Jediondo» se los había aplicado con mano floja. Compadecido, el negro preguntó a don Nicasio si cesaba el castigo. El viejo Sangurima había dicho: «Aflójale, los demás despacio: pero ajústale al medio ciento, aunque se muera... ¿No fueron cincuenta bejucazos que te mandé que le dieras?». Y la falta cometida por Ventura había sido tan insignificante como no haber querido enlazar una yegua corretona para que montara el padre. «Es que estoy cansado, pues. ¿Acaso soy peón?». Entonces fue que el viejo Sangurima le había mandado dar los palos.

Ventura estaba casado con una dauleña, de esas que llaman «pata amarilla». Era una mujercita retaca, ancha de cadera, con un vientre enorme y de una **proliferidad**[16] de cuy.

La dauleña le había obsequiado a su marido veinticuatro hijos en veinticuatro años. Justamente uno cada año. Vivían todos, pero no estaban sino dos, los últimos, al lado de los padres. Los demás se había regado por el campo como una semillada.

Tres mujeres, únicas que había entre las dos docenas

....
[16] Viene del verbo proliferar: aumentar en grandes cantidades. Se hace aquí alusión a la reproducción de los roedores que se multiplican rápidamente.

de hijos, estaban en Guayaquil, encerradas en el colegio de las monjas Marianas.

Ventura ligaba todas sus esperanzas a las tres hijas. Pretendía hacer de ellas unas damiselas elegantes, que lucieran en la ciudad.

Para eso trabajaba como una mula carguera.

No obstante disponer ya de una considerable fortuna personal, independiente de la segura herencia de su padre, Ventura consagraba todas sus horas posibles a la labor.

Su existencia iba con el ritmo del reloj de las aves de corral, y aun adelantaba. Se alzaba de la cama a la hora que las gallinas aburren el nidal. Se tendía para el descanso a la hora en que las gallinas trepan los palos del dormidero. Y todo el día trabajaba. Era peor que su peón concierto. A pesar de sus años realizaba faenas **onustas**[17]. Ordeñaba las vacas. Hacía quesos. Rajaba leña. Saltaba agua. Limpiaba desmontes con el machete. Y ya al atardecer, medio muerto de fatiga, todavía tenía ánimos para bañar a los caballos con líquidos garrapaticidas.

Ventura practicaba la agria virtud del ahorro. Era económico hasta lo inverosímil. Se aseguraba de él que cuando le nacía un hijo, le hacía pañales de sempiterna que luego se convertía en ropa de muchos dobleces, lo que, a medidas que el chico crecía, iban desplegándose para que la tela sirviera lo mismo que antes.

Como esta, había muchas anécdotas sobre Ventura.

Seguía con su mismo modo de ser, sin preocuparse de nadie.

El único que lo hacía gastar dinero era su hermano cura, con quien conservaba una estrecha amistad.

Cuando alguien le reprochaba que trabajaba tanto siendo rico, respondía fatigado:

....

[17] Pesadas, duras (adjetivo que ha caído en desuso).

—Yo soy como el burro, que cuando coge una maña ya no la deja. Esto de trabajar se me ha hecho maña. Una maña de burro.

De los hijos de Ventura no se sabía cuestión mayor.

Se decía que otro se había radicado en la sierra, donde estaba casado con una mujer acaudalada.

Finalmente se decía que uno, que se llamaba justamente como el taita, andaba embarcado en un vapor de alto bordo, haciendo viajes por mar a puertos lejanos.

Ventura ignoraba o fingía ignorar lo que se refería a sus hijos.

—Pa mis hijos hombres yo soy como el peje y no como el palomo —decía—. El palomo anda cuidando al hijo grandote. El peje hace al hijo y lo suelta en el agua pa que corra su suerte. Es más mejor ser como peje.

Esta afirmación suya le había valido un apodo nuevo. Por ella y acaso también por la configuración de la parte alta de su cabeza, lo llamaban Raspabalsa.

A Ventura no le enojaban los sobrenombres.

Sin embargo, este de Raspabalsa tenía la propiedad de irritarlo.

Cuando algún muchacho se lo gritaba de lejos, tapándose detrás de los troncos gruesos, Ventura respondía a voz en cuello:

—Anda, dile a la grandísima de tu madre.

Generalmente ocurría que tal grandísima venía a ser hermana de Ventura, pues el muchacho del grito era alguno de los sobrinos innumerables.

Pero Ventura no se preocupaba de esos detalles. Cuando se oía motejar con el nombre del ridículo pez, se ponia desaforado.

Ventura deliraba por las comparaciones zoológicas.

Decía a veces de sí mismo:

—Yo para trabajar soy un animal.

O también:

—Pa eso soy una bestia de bueno.

Acaso sería por las comparaciones, pero lo cierto es que Ventura amaba a los animales con un acendrado amor.

Cuando veía que sus sobrinos maltrataban algún animal, les increpaba.

—No frieguen a esa criatura del Señor.

Esto no impedía que cuando los perros lo molestaban con sus ladridos, cayera sobre ellos a bejuco limpio, armando desenfrenadas **zalagardas**[18].

Al escucharlo, los vecinos comentaban burlonamente:

—Ya está Raspabalsa peliando con sus hermanos en el Señor.

Él se justificaba, afirmando:

—Pa mí no hay perro que me ladre, ni gallo que me cante fuerte, ni mujer que me alce la respiración.

En sus raros momentos de cólera, sostenía, como una irrebatible demostración de su hombradía:

—Es que yo soy de la carne misma de mis papás, que por cada hijo que ha hecho ha deshecho un hijo de otro.

Cuando a los oídos de don Nicasio llegaba la noticia de estas expresiones, murmuraba sentenciosamente, con cierta tristeza:

—Este Raspabalsa es mismamente un pendejo, no más.

Por lo común, en el caserío de La Hondura se tenía en poca monta a Ventura Sangurima, el mayor de los hijos del viejo.

....

[18] Pendencia, regularmente fingida, de palos y cuchilladas en que hay mucha bulla, voces y estruendo.

II

El padre cura

Antes que con sus hermanos de padre y madre, Ventura hacía grandes migas con uno de los hijos del segundo matrimonio de don Nicasio: con Terencio, que era cura en San Francisco de Baba, la antigua aldea colonial.

Se veían a menudo.

Ora era Ventura quien emprendía el largo viaje hasta el lejano pueblo; ora era el clérigo quien venía hasta La Hondura.

Su hermano predilecto lograba lo que nadie conseguía de Ventura: hacerle derrochar el dinero.

Cuando el Acuchillado armaba camino a Baba, portaba **grávidas**[19] alforjas, conteniendo los más preciosos productos de campo, para regalo de la mesa del hermano en el convento. Y ya en el pueblo, se desvivía por obsequiarlo, adquiriendo para Su Paternidad las más caras **zarandajas**[20] en las tiendas de los chinos. Todo sin perjuicio del gasto de cerveza, vinos y licores raros, consumidos en fantásticas can-

....

[19] Cargadas, llenas, abundantes.
[20] Cosa menuda, sin valor, o de importancia muy secundaria. Podría aplicarse aquí el término chucherías.

tidades durante la estada, gasto que corría por su cuenta.

En La Hondura, el padre Terencio tenía casa propia, como todos los demás Sangurimas.

Esta casa estaba habitada por una muchacha muy hermosa cuyo nombre era Manuela, y por un demonio de chico, del que ignoraba como le pondrían en la pila del bautismo, pero a quien se conocía por «Perfectamente» al empleo abusivo de la palabreja.

Estos muchachos figuraban como sobrinos del padre Terencio; lo cual resultaba extraordinario, pues ninguno de los hermanos del cura los reconocía como hijos. En ocasiones se decía que eran ahijados del clérigo.

Cuando este visitaba la hacienda, Manuela y el diablillo lo recibían con grandes zalemas.

Frecuentemente lo trataban de papá.

Entonces el padre Terencio los observaba, con su curiosa forma **culterana**[21], donde el habla montuvia perduraba con su sintaxis, con su acento y con muchos de sus vocablos:

—Vosotros mismamente no debéis llamarme papá, sino padrino, que es la parentela que tengo con vosotros de a de veras.

El padre Terencio era hombre divertido.

Decía de él el viejo Sangurima:

—Mi hijo cura sería un gran cura de no gustarle tres cosas: **verija**[22], baraja y **botija**[23]. De resto, es tan bueno como un **cauje**[24] podrido.

....

[21] Proviene del Culteranismo: estilo literario desarrollado por Góngora. Se caracterizó por la utilización de un lenguaje muy culto y metáforas elaboradas y complejas.

[22] Región de las partes pudendas

[23] Dícese de una persona que está muy gorda. Con esta expresión, Ño Sangurima quiere decir que su hijo incurre en vicios como el de la lujuria, el juego y la gula. Este último incluye el vicio de la bebida.

[24] Árbol de América Central y del Sur.

Cuando los dos hermanos se encontraban en Baba, se atizaban unas borracheras formidables.

Se encerraban en el convento y consumían mano a mano cantidades fabulosas de alcohol.

Comenzaban por beber cerveza hasta que daban fin con la no muy abundante existencia del mercado. A continuación se dedicaban a ingurgitar licores extranjeros. Al cuarto o quinto día, ya exhaustos los bolsillos de Ventura, trasegaban aguardiente de caña.

A la postre se quedaban tumbados, medio muertos, en la sala rectoral, tendidos en el piso, revolcándose entre vómitos y escupitajos.

Después de dejarlos reposar largas horas, el sacristán se encargaba de ellos. Les daba friegas en el cuerpo y les hacía oler amoníaco. Tras muchos esfuerzos conseguía que se recobraran.

En ocasiones, la tarea era tan difícil que el sacristán llegaba incluso a temer por la vida de los Sangurimas.

Por lo común, el primero que se incorporaba era Ventura.

Atontado, sumido todavía en los horrores del chuchaque, montaba a caballo e iniciaba la vuelta, dejando a su hermano aún inconsciente.

Era el retorno del pródigo. Volvía el hombre arrepentido, sacudido y nervioso, alarmándose de todo. Virtualmente, iba como un perro apaleado, con el rabo entre las piernas.

Durante estas borracheras se suspendían, por supuesto, en la iglesia, las funciones religiosas. Sin embargo, alguna vez, cuando la estada de Ventura coincidía con época de novenario, el cura solía ocupar la cátedra sagrada. Pronunciaba entonces unos sermones pesadísimos, en los que ensartaba mil y un disparates, lanzando afirmaciones descabelladas y emitiendo opiniones que habrían escandalizado al más **man-**

ga ancha[25] de los teólogos.

La verdad es que, aún en sus cabales, el cura Terencio se llevaba cancha a los padres de la Iglesia.

Entre sus ideas más peregrinas estaba la de que había que democratizar el dogma, como él decía.

Sostenía que a los montuvios hay que presentarles las cosas, no solo en forma que las entiendas completamente, sino de la manera que más de acuerdo esté con su idiosincrasia.

Cuando el padre Terencio se andaba en pastoreo de almas por los sitios montañosos, ocurría que aplicara más frecuentemente su método.

Explicaba:

—Si yo les digo a los montuvios que el judío Malco le dio una bofetada en la mejilla a Jesucristo, este volvió la otra, se escandalizarían, y pensarían que Jesucristo era un cobardón que no vale la pena tomarlo en cuenta...

—¿Y cómo dice entonces, padre Terencio?

—Yo les digo, más o menos: «Iba Nuestro Señor, con esa cruz grandota que le habían cargado los verdugos, cuando en eso sale el judío Malco y le suelta una bofetada... ¿Saben lo que hizo el santo varón? En vez de haberle rajado el alma, que era lo que le provocaba, como él era tan buen corazón apenas se contentó con decirle al judío: Anda a golpear a tu madre». Así.

En esto y en otras cosas semejantes consistía el sistema del cura demócrata.

El padre Terencio era muy aficionado a las obscenidades. En su anticuado gramófono acostumbraba a tocar unos discos cuyos solos nombres denotaban lo que eran: La noche

....

[25] Excesiva liberalidad.

de bodas, Un fraile en un convento de monjas, y otros semejantes. En su pequeña biblioteca, entre los breviarios, la *Imitación de Cristo* y los manuales de liturgias, *La condesa y el cochero*, *La posadera y el estudiante*, y más por el estilo.

El padre sentía un inefable placer, más que en escuchar, en narrar chistes picantes y puercas historietas, donde aparecían como personajes clérigos, monjas de clausura, sacristanes, cantores de coro, beatas y más fauna de iglesia.

Repetía hasta el cansancio cierto cuento asqueroso en el que figuraba un chico criado por un cura. A punto este de morir, acercaba a aquel al lecho de muerte y le refería la historia de su vida. El cuento concluía con que el cura confesaba al muchacho que era su hijo; pero que él no era su padre, sino su madre, siendo su padre el arzobispo de Quito...

También sabía el padre Terencio versos repugnantes y canciones de parodia.

Cuando iba a La Hondura, el cura procuraba esconder en lo posible su verdadera naturaleza.

Sin embargo, cierto día se emborrachó al extremo y se le ocurrió decir una misa por el alma del hermano abogado.

Improvisó con cajones un altar al pie de un árbol, y comenzó a sacrificar de un modo blasfemo.

En lo mejor, le vinieron hipos y nauseas, y se vomitó sobre el altar, quedándose luego como amodorrado...

Don Nicasio supo el asunto. Bajó de su casa y lo despertó a bejucazos...

III

El abogado

El hermano abogado, muerto años atrás de modo espantablemente trágico en el sitio abierto de Los Guayacanes, constituía para unos Sangurimas algo como el orgullo y el blasón de la familia, mientras que, para otros, solo había sido un infeliz a quien no se le pudo utilizar buenamente ni siquiera para ensayar el filo de un machete nuevecito.

Eufrasio Sangurima, el peor de la tribu, al cual llamaban el Coronel, acaso porque de veras lo fuese, con grado obtenido en cualquier acción de **montonería**[26], se mostraba despectivo cuando aludía al doctor Francisco.

—Con el perdón de mi mama, Francisco era un hijo de puta —exclamaba—. Bien hecho que lo haigan muerto como lo mataron.

De aquel crimen se susurraba una acusación contra el coronel Sangurima. No alcanzaba esta a concretarse en nada efectivo, pero era, entre el bravo grupo familiar, un dicho generalizado:

—El Coronel se comió esa corvinita espinosa, pues.

....

[26] Acción de los montoneros, hombres que participaban en las guerras civiles en Sudamérica.

El padre Terencio osó cierta vez, estando en sus copas **consuetudinarias**[27], defendido por el amparo de su feligración parroquial, en la Baba de su curato, insinuar el rumor al oído de su hermano Eufrasio, que había ido a visitarlo.

Por supuesto, lo hizo con circunloquios y empleando símbolos bíblicos.

Mirando el machete que colgaba del cinto del Coronel, le dijo a este:

—Acaso esa arma sería la quijada de asno...

El Coronel, que no había leído media línea ni del Antiguo ni del Nuevo Testamento, por la razón elemental de que no sabía leer, quedó sin entender la alusión. Pero, astuto como era, por «por si aca...», pensando que su hermano se burlaba de él en alguna manera, lo mandó al ajo y lo trató de mujerona, de borrachón y de hipócrita, entre una sarta de insolencia cuartelera.

De examinar desapasionadamente el asunto, se advertía que ninguna causa aparente existía para acusar de la muerte del doctor Sangurima a su hermano el Coronel.

Entre ambos, que eran hermanos uterinos incluso, nacidos de un mismo matrimonio del viejo, no habían obrado jamás intereses personales contrapuestos, ni cuestión alguna de litis o pendencia. Se llevaban más bien que mal y conservaban entre sí una amistad respetuosa, sintiéndose ambos valiosos en el conjunto de los hermanos, cada uno por su cuenta y lado.

La muerte del abogado no podía devenir consecuencia de alguna de utilidad para el Coronel por sí misma. Y por tanto...

Pero la malicia montuvia anota ciertas circunstancias e interpretaba ciertos detalles.

....

[27] Que es de costumbre.

Dos días de aquel en que probablemente fue asesinado el doctor, el coronel Sangurima desapareció sin causa justificada del caserío de La Hondura. Cuando regresó, aparentemente no le hizo mayor impresión la tremenda noticia. Y hasta pareció que la hubiera esperado.

—Ahá. Vean, pues... ¿Y quién será que lo ha comido, no?

Y se quedó tan campante.

Además, luego de muerto su hermano comenzó a hablar mal de él. Como si quisiera rebajarlo y dar a entender que se trataba de tan poca cosa, que valía poco el muerto, que no había que molestarse en averiguar nada.

Todo eso no era lo corriente en el genio militar y los montuvios lo advirtieron.

De aquello y de otros hilos perdidos, la malicia campesina sacó partido y dio abajo a sus murmuraciones.

Se decía:

—Que el Coronel mismo no lo haiga matado, bueno. Pero él arregló la cosa. Clarito.

¿Y por qué? Se jalaban bien. ¿Por qué?

—¡Por qué! Ño Sangurima, pues... El viejo... El viejo fue que lo mandó a matar...

—¿El padre?

—¡Y meno!... El doctor estaba perdiendo un pleito gordo y ño Sangurima le había dicho: «Déjame a mí ya. No te metas vos en nada». Pero el doctor Francisco no quería. Dizque decía: «Yo la gano papás». Y no soltaba el poder que le había dado el viejo, haciéndose gato bravo...

—¡Ah!...

—Entonces el viejo dizque dijo: «Yo no me jodo por naidien. Yo hice este abogao: yo mismo lo deshago. Hay que desaparecer el pendejo este»... Y lo mandó a matar con el Coronel, que es el engreído del viejo...

—¡Ah!...

—Así fue, pues, la cosa.

El doctor Francisco Sangurima había sido un hombre de extrañas costumbres.

Así que se graduó, montó una oficina en Guayaquil en asocio con un colega que fue su compañero en las aulas de la universidad. Este cofrade era el que hacía la labor profesional. El doctor Sangurima se encargaba no más de mandar clientes, y se limitaba a percibir su comisión de los honorarios que pactaban. Su solo apellido, prestigioso en los campos, y la circunstancia de ser hijo del poderoso dueño de La Hondura, bastaban para que todos los montuvios de los aledaños, buscando congraciarse con las gentes Sangurimas, acudieran a sus servicios. Así, el bufete producía dinero en abundancia.

El doctor Sangurima casi nunca estaba en él, y ni siquiera en la ciudad. Prefería mejor vivir en pleno monte. Se había hecho construir una casucha pajiza en el sitio abierto de Los Guayacanes, y ahí habitaba con un viejo peón que le daba servicios y le cocinaba.

El doctor era una acerba especie de **cenobita**[28]. Por su modo de ser se había ganado algunas leyendas acerca de su naturaleza sexual.

Antes moraba en el sitio abierto de Palma Sola; pero como otros pobladores acudieron luego a instalarse en las vecindades, alzó con su construcción y la trasladó a Los Guayacanes.

Gustaba de la soledad en una forma exagerada. En realidad, era una manía. Pues, según afirmaba, sufría grandes miedos en la soledad, siempre temiendo que lo asesinaran.

....

[28] Persona que practica la vida de monasterio, es decir, una vida retirada y tranquila.

Su muerte se le anunciaba como un presagio fatal, que hubo de cumplirse.

Cierta tarde mandó por víveres a su peón al caserío de La Hondura. El peón se demoró en el viaje más de la cuenta. Aseguraba que el hijo mayor del Coronel lo había emborrachado contra su voluntad.

Cuando el peón regresaba, camino de la casa, vio a lo lejos una mancha negra de gallinazos que voltejeaban sobre el techo y penetraban por las ventanas, saliendo después en cruentos combates, como arrebatándose presas.

Disparó al aire su escopeta y las aves ahuecaron.

En el rellano de la escalera lo esperaba un cuadro horroroso. El cuerpo del doctor Sangurima, pedaceado, medio comido por los gallinazos, estaba ahí, desprendiendo un profundo olor a cadaverina.

Se calculó que, al ser encontrados sus despojos, el doctor tenía ya dos días de muerto.

Acaso lo mataron la misma tarde que el peón salió de compras.

Los asesinos estarían espiándolo tras los matorrales, y en cuanto quedó solitario lo acometieron.

Y así había acabado sus breves días el doctor Francisco Sangurima, abogado de los tribunales y juzgados de la República y gamonal montuvio.

Los moradores de La Hondura comentaban, al recordarlo:

—Como que lo pedaceen a machete y se lo coman los gallinazos, es muerte de abogado...

—Cierto... A mi doctor Domingo Millán...

—Eso mismo iba a decir. Me lo arranchó de la boca.

—A mi doctor Millán, en Yaguachi, le pasó igualito.

—¿No?

—Me creo de que no fue en Yaguachi.

—Me creo más bien que fue pa los laos de Juján...

—Tal vez...

IV

El Coronel

El presunto asesino del doctor Francisco, el coronel Eufrasio Sangurima, era el ojo derecho del don Nicasio.

—Es que eso es hombre, amigo —repetía el viejo—. Se parece a mí cuando yo era mozo. Recortado por una misma tijera somos.

El coronel Sangurima era un tipo original.

Su aspecto físico le daba prestancia singular. Era de una acabada hermosura varonil. Moreno, alto, musculoso, ojiverde. Con el pelo untuoso, ondeado, venido en rulos sobre la frente ampulosa. Tenía una facha marcial y bandolera. Y en todo él había un aire de perdonavidas.

Además, poseía una voz admirable.

En esto residía su mayor resorte con las mujeres a quienes les jugaba, con su canto acompañado por la guitarra, su carta brava de amor.

Era fama que cuando el Coronel pulsaba el instrumento y se ponía a entonar pasillos tristones muequitas apicaradas con la boca, no había mujer que lo resistiera.

—Se me vienen pa encima como canoas que se les afloja el cabo en la correntada...

Pa narrar sus aventuras amorosas o no, el Coronel era

incansable. Si no lo hubiera hecho como lo hacía, habría resultado insoportable.

Pero ponía tal gracia en referirlas, que se ganaba la complaciente atención de los oyentes.

—¿Y cómo fue que se sacó a la pimocheña, coronel?

—Verán... Ustedes saben que en la República de Pimocha... Porque ustedes sí sabrán que Pimocha, a pesar de ser pueblo chico, es república independiente... La República de Pimocha...

A costa de la aldea fluminense, iniciaba él la risotada, coreada luego por los oyentes; y proseguía:

—Allá en cuanto llega la noche, hasta el cura se vuelve lagarto, y salen toditos a pescar la comida. Cogen lo que caiga... Lo mismo un bagre cochino que un cristiano...

Nuevas carcajadas.

—Por eso en Pimocha los bailes se hacen de día, y en cuanto va a obscurecer a los que no son del pueblo los largan pa afuera...

—¿Y es de veras eso?

—Claro, pues, hombre. Si no, no lo mentara... Pues verán... Un día, en Pimocha, estaba yo en una matanza de un puerco, y estábamos bailando jumísimos. Yo andaba con todita mi gente, bien acomodada. Ahí fue que al baile la chola Josefina Rivera, y me cayó en gracia... A boca chiquita me dije: «Lo que es este **fundillo**[29] va a ser para mí». Entonces grité a todo pescuezo: «Hoy es el día de nosotros, como dijo mi compadre Mondonga pa el incendio de Samborondón». Y le metí candela al baile, y agarré y le dentré a la chola. Pero nada. La chola me creo que tenía su compromiso y estaba más seria que burro en aguacero...

....

[29] Trasero. También se habla del fundillo haciendo referencia a los calzones.

—¿Y por qué no le cantaba, coronel?

—Aguántese, amigo... Claro: entonces manotié el instrumento y me puse a jalar amorfinos... También le atizaba aguardiente a la chola pa que se calentara prontito... Lo que es la chola empezó a derretirse y ahí fue que le propuse... Me dijo como que sí, y antes que se arrepintiera, porque las mujeres son muy cambiadizas, la agarré del costillar, la monté al anca del caballo, la mancorné, y... ¡gul bay!, como dijo el gringo... En la casa armaron un griterío, y entonces yo les dije a mi gente: «Delen a esos pendejos una rociadita de bala, pa que no chillen», y aflojamos una andanada de fusilería... Se callaron mismamente como cuando a coso de pericos se le echa un poco de agua. Creo que se jodieron unos cuantos... Del que sí sé es del padre de la china, Anunciación Rivera, que murió en la refriega.

—¿Pero hubo refriega, coronel?

—Es hablar de soldao. Así se dice en los cuarteles.

—Ah...

Tales eran las historias que contaba el coronel Eufrasio Sangurima.

Hazañas militares

El coronel Sangurima expresaba orgullosamente que debía las charreteras al general Pedro José Montero.

—El cholo Montero me hizo coronel en el campo de batalla. Fue en la revolución del año once. Ustedes recordarán...

No había habido revolución en los últimos tiempos a la cual no hubiera asistido el coronel Eufrasio Sangurima.

En cuanto llegaba a sus oídos la noticia de que algún caudillo se había alzado en armas contra el Gobierno, el coronel Eufrasio Sangurima se sentía aludido.

—Yo estoy con los de abajo —decía—. Todo el que está mandando es enemigo del pueblo honrado.

Reunía veinte peones conocidos, que les proporcionaban compañía eficaz. Se trataba de gente conocida, valerosa, amiga de los tiros y machetazos, sin más bagaje que el alma a la espalda. Los aprovisionaba de fusiles, machetes y frazadas, que poseía en abundancia; los montaba en buenos caballos criollos y, él a la cabeza, los botaba por los caminos del monte, lanzando vivas estentóreas al caudillo levantisco.

Tan pronto como salvaba los linderos de La Hondura, la montonera de Sangurima iniciaba sus depredaciones. Para el Coronel, sin más consideración, pasados los límites de la hacienda comenzaba el campo enemigo...

Más allá de los contornos, hasta donde había extendido su prestigio siniestro, a la montonera del Coronel se la conocía por «la montonera de los Sangurimas», o simplemente «Los Sangurimas».

Así que en el agro montuvio sonaba el anuncio de que «Los Sangurimas» venían, se volvía todo confusión y espanto.

«Los Sangurimas» no respetaban potreros ni corrales. Talaban sembríos, quemaban sementeras o graneros. Cometían fechorías y media.

Su paso quedaba señalado por huellas indelebles. Era en realidad el paso de los vándalos.

Cuando trepaban a alguna casa, registraban casas y baúles, cargando con cuanto podían.

Frecuentemente se raptaban doncellas, cuya flor era sacrificada por el jefe. A continuación iban sobre la mujer los demás montoneros, abandonándola luego, muerta a medias, si no del todo, en cualquier parte, para que la recogieran sus deudos.

Por supuesto, en estas depredaciones no siempre sacaban las mejores consecuencias.

Los montuvios no se sometían así como así. Se defendían a bala o a machete. «Los Sangurimas» anotaban bajas nutridas en sus filas. A veces se veían obligados a retirarse sin botín de algún asalto.

Detenido por tales entretenimientos, el coronel Sangurima casi nunca llegaba a reunirse con el grueso de las fuerzas revolucionarias que saliera a apoyar. Pero cuando lograba darles alcance y fomentarles, incorporándose a ellas, sus gentes peleaban como bravos y vendían caras sus vidas en las sangrientas luchas con las tropas regulares.

Al volver de sus campañas, el coronel Sangurima jamás regresaba por el mismo camino de partida. Por ejemplo, si había iniciado la marcha por el norte, tornaba por el sur; y así lo demás.

El coronel Sangurima decía que esta era una **abusión**[30]. Acaso sería una medida de conveniencia, sobre todo cuando volvía en derrota, para evitarse el encuentro con sus víctimas irritadas y dispuestas a la venganza y al desquite.

Triunfadora o vencida la revolución, el coronel Sangurima volvía igualmente a su residencia de La Hondura.

Y esperaba que se incendiara una revuelta para salir con su gente.

Los primeros meses de paz se mostraba tranquilo. Luego se inquietaba.

—La gente se me **mojosea**[31] —decía.

....

[30] Superstición, agüero.
[31] Que se cría moho.

Cambio de vida

Retirado ya definitivamente de las faenas guerreras, el coronel Sangurima vivía ahora en el caserío de la hacienda, junto a la turbamulta de hijos de distintas madres, por supuesto.

—Son cocinados en hornos diferentes —decía, aludiendo a aquellos—; pero están hecho con la misma masa.

El Coronel se había dedicado modestamente al cuatrerismo.

Con algunos veteranos supérstites de la montonera tenía una como cuadrilla de **abigeos**[32], que él capitaneaba.

Generalmente, planeaba el robo y los mandaba a efectuarlo.

Cuando se trataba de una vacada numerosa o cuando la hazaña ofrecía peligros mayores, iba él mismo a la cabeza de su tropilla.

Todo esto se hacía en el misterio más grande y en el más riguroso silencio.

Ya no sonaba, a la hora de partida, como antes, el alarde gritón ni el zafarrancho de combate. La marcha de «Los Sangurimas» era ahora como la de las hormigas, bajo la noche, hacia la presa oliscosa, lejana...

Sobre el Coronel y su gente se amontonaban juicios de abigeato en los juzgados de letras provinciales. Por ello, el Coronel rentaba con un fuerte sueldo mensual a un abogado en Guayaquil, el cual se entendía en defenderlo con los suyos.

En los instantes de máxima dificultad, cuando algún juez amenazaba con condenarlo, el coronel Sangurima empleaba el mismo abogado que su padre.

—El billete, amigo. Es el mejor abogado. No le falla ni

....
[32] Ladrones de ganado.

una. Como dice mi taita, no hay quien lo puje.

Comadreos

Del coronel Sangurima se decía que vivía maritalmente con su hija mayor.

Esta era una muchacha muy bonita, pero un poco tonta.

—Se ha quedado así de una fiebre que le dio de chica —explicaba él.

Las comadres montuvias aseguraban otra cosa.

Pensaban que se había vuelto así, por castigo de Dios a su pecado de incesto.

La muchacha se llamaba Heroína.

Este nombre extravagante le recordaría a su padre sus turbulentas aventuras.

V

Comentarios

Después de todo, probablemente no sería verdad aquello de que el coronel Sangurima cohabitaba con su hija.

Y de haberlo sido, no era por lo menos el único caso de incesto entre los Sangurimas de La Hondura.

Había otro caso conocido.

Felipe Sangurima, apodado Chancho Rengo, vivía públicamente con su hermana Melania, de quien tenía varios hijos.

El padre Terencio, que ocasionalmente intervenía en ciertas intimidades de la familia, no se atrevía a recriminar directamente a sus hermanos incestuosos, porque sabía exactamente lo que se ganaba.

Murmuraba, sin embargo:

—La maldición de Jehová va a caer sobre esta hacienda.

Amenazaba también con el fuego del infierno y con el de Sodoma y Gomorra.

Según él, en breve La Hondura sería como un castillo pirotécnico de esos que hacen los chinos para San Jacinto patrón.

El viejo don Nicasio aparentaba no darse cuenta.

Cuando más decía:

—¡Y yo qué voy a hacer! Yo no mando en el fundillo de naidien.

Añadía, justificando a Melania:

—¡Qué más da! Tenían que hacerle lo que le hacen a todas las mujeres... Que se lo haiga hecho Chancho Rengo... Bueno, pues, que se lo haiga hecho...

Y justificaba a Felipe:

—Le habrá gustado esa carne, pues. ¿Y...? Lo que se ha de comer el moro que se lo coma el cristiano, como decía mi compadre Renuncio Sánchez, el de Bocana de Abajo... Así es.

Bejucos

Los demás hijos de don Nicasio eran montuvios rancios, con los vicios y las virtudes de las gentes litorales y sin nada de extraordinario.

Se emborrachaban los sábados en la noche y los domingos. El resto de la semana trabajaban normalmente en las labores campesinas.

Las mujeres, casadas o amancebadas, parían incontenidamente, llenando de nietos al viejo.

Gentes montuvias.

Vegetación tropical.

Tercera parte
Torbellino en las hojas

I

Vida patriarcal

A pesar de todo, en el caserío de La Hondura regía un sistema patriarcal de vida, condicionado por el mandato ineludible del abuelo Sangurima, cuya autoridad omnipotente nadie se atrevía a discutir.

El caserío de La Hondura era un pequeño pueblo. Una aldeúca montuvia donde el teniente político estaba reemplazado por el patriarca familiar.

Varios de los hijos y de los nietos adultos del viejo gobernaban negocios cuya clientela se reclutaba entre la parentela y la peonada.

Había así carnicería, botica, pulpería, etc.

También había dos cantinas, rivales entre sí: La Ganadora y El Adelanto.

En esas cantinas se formaban grandes alborotos los sábados por la noche. La peonada consumía parte sensible de su salario en aguardiente, y se divertía bailando entre hombres o con hijas de una viuda Sandoya, que era vecina del poblado.

Por causa de las preferencias de las Sandoyas, con relativa frecuencia ocurrían riñas cruentas en las cantinas rivales. Salían de eso muertos y heridos.

Se procuraba ocultar la cosa o disimularla como mejor era posible. Y todo seguía lo mismo.

Cuando la cuestión había sido tamaña, intervenía con su influencia en Guayaquil el viejo don Nicasio.

En tratándose de asuntos de la laya, don Nicasio era muy complaciente.

Sin duda recordaba sus propias aventuras, y no se creía llamado a imponer una moral exagerada cuando él mismo no la había tenido jamás.

En otros aspectos, el anciano era intransigente.

II

Las Tres Marías

Cuando llegaron de vacaciones las hijas de Ventura Sangurima al caserío de la Hondura, cobró el poblado un inusitado aspecto. Parecía como si constantemente se estuviera celebrando una fiesta popular.

Las tres hijas de Ventura habían concluido sus estudios en el colegio porteño de monjas; y antes de trasladarse a Quito, donde pensaba su padre internarlas en los Sagrados Corazones, para que completaran la enseñanza superior, las muchachas fueron a pasar unos meses de descanso en el campo, al lado de los suyos.

Las hijas de Ventura eran indudablemente atractivas. En nada se asemejaban a su madre, la dauleña «pata amarilla». Físicamente, eran Sangurimas puras, casi tan blancas como el abuelo.

Tenían las tres, como primer nombre, el de María: María Mercedes, María Victoria y María Julia.

Debían sus nombres al capricho del padre Terencio, que era padrino colado de todos los hijos de Ventura.

El cura solía llamarlas las Tres Marías, con un sentido a veces bíblico y a veces astronómico, según le soplara el viento alcohólico del lado espiritual o del lado materialista.

En las muchachas, que estaban en la flor de la edad, la innata gracia campesina se había refinado con los atisbos ciudadanos que pudieron aprender desde el convento cerrado. Además, su instrucción, por mucho que era elemental, les daba un tono de exquisitez si se las comparaba con sus burdos y agrestes parientes.

Sobre bonitas, las muchachas eran muy coquetas.

En la lancha, que las condujera a La Hondura estuvieron coqueteando con el capitán, con el piloto y con los pasajeros; y así que saltaron a tierra, buscaron acomodo amoroso.

Sin distinción, todos sus primos solteros y aún varios de los casados o comprometidos, las pretendieron de inmediato. Pero los escogidos fueron los hijos del coronel Sangurima, que eran los gallitos del caserío.

Tan pronto como los tales tenorios rurales comenzaron su asedio, los demás primos levantaron el suyo.

Entre los mozos, los hijos del coronel eran respetados y temidos por su matonería.

Los Rugeles

Los hijos del coronel Sangurima —Pedro, Manuel, Facundo—, seguían las huellas de su progenitor, a quien a menudo acompañaban en sus andanzas, secundándolo en sus hazañas de cuatrerismo.

Los muchachos eran valerosos y arrojados, pero con un fondo canalla que se revelaba especialmente cuando estaban en copas, lo que sucedía precisamente cada día.

Por parte de la madre, eran Rugel; y se enorgullecían de este apellido, ligado a gentes consagradas de la aventura montuvia... Rugeles, Maridueñas, Piedrahitas.

Tanto se prevalecían de la ascendencia que con fre-

cuencia se llamaban a sí mismos y les decían los demás: los Rugeles. Acaso solo era para distinguirlos de los otros primos Sangurimas.

Entre su parentela se les acusaba ya, a voz mordida, de haber cometido crímenes horrendos. Acaso no fuera verdad. Pero ellos solo no se preocupaban de desmentir la especie, sino que, en cierto modo, la fomentaban con un silencio sonriente.

Los Rugeles constituían el más acabado modelo de **tenorios**[33] campesinos.

Poseían todos los defectos necesarios y las gracias que son menester. Sabían bailar como ningún otro en La Hondura. Tocaban la guitarra. Improvisaban amorfinos. Montaban elegantemente a caballo. Y hasta se vestían con un aire particular la cotona abotonada al cuello y los pantalones **zamarrudos**[34] sobre el pie calzado de botines, o descalzo.

Su lema amoroso era, como expresaba uno de ellos, así:

—La mujer no es de naidien, sino del primero que la jala. Mismamente como la vaca alzada. Hay que cogerla como sea. A las buenas o a las malas.

Niños mimados

Los Rugeles eran engreídos del viejo Sangurima, quizá porque el coronel, su padre, era el hijo predilecto de don Nicasio.

El viejo Sangurima había hecho por sus nietos sacrificios sin cuento, sacándoles de todos los atolladeros en que

....

[33] Relativo a don Juan Tenorio. Hombre mujeriego, galanteador, frívolo e inconstante.
[34] Que lleva zamarros. El zamarro es una prenda de vestir que se asemeja a un mandil amarrado a la cintura con las perneras abiertas, especial para montar a caballo.

se metían.

Cualquier acto que para los otros nietos aparejaban una terrible reprimenda, cuando no un castigo corporal, si lo cometían los mimados merecía una sonrisa plácida y bonachona del anciano.

—Ve que estos muchachos son jodidos —decía—. No se dejan de anidien. ¡Bien hecho! Así hay que ser... Donde uno se deja pisar el poncho, está fregao...

Cuando don Nicasio supo de los amoríos de los Rugeles con las hijas de Ventura, llamó a este a capítulo, al alto mirador de sus conferencias.

—Cuida a esas muchachas Raspabalsa —le dijo, sonriendo—; porque lo que es los Rugeles te las van a dañar... Y después no te andes quejando...

Ventura no le concedió importancia a la cuestión.

III

Enredos amorosos

Las fiestas en el caserío de La Hondura se sucedían una a seguida de otra, casi sin solución de continuidad.

Tras un baileteo que duraba hasta la madrugada, saludaba con sendos vasos de «leche de tigre», ocurría el beneficio de una ternera y el almuerzo consiguiente y, tras un breve reposo, a la media tarde, un paseo a pie de los cocoteros, o a las manchas de mangos, o a las cercas vivas de cerezo. Y de vuelta a la casa, otra vez el baileteo.

Variaba en ocasiones el programa. Se hacían paseos de día entero a sitios distantes. En canoa. A caballo.

Eran los Rugeles quienes provocaban estos festejos. Incitaban a sus tíos y a los primos para que los hicieran en honor de los huéspedes. O ellos mismos los arreglaban por su cuenta.

En todas estas circunstancias los Rugeles buscaban no más la oportunidad de lucirse, exhibiéndose antes sus primas.

Llegó un momento en que las muchachas se ilusionaron de veras.

Entonces fue que los Rugeles les propusieron que se salieran a vivir con ellos, según la costumbre del campo montuvio.

Las muchachas, que tenían prejuicios cuyo alcance no comprendían sus primos, se negaron a eso terminantemente.

—Casarnos, bueno —dijeron—. Pero así, como los perros, no...

Facundo que era el más decidido de los Rugeles, aceptó de plano.

—Nos casaremos —resolvió.

Entre los Rugeles Facundo era quien llevaba la voz cantante. Sus hermanos coreaban sus expresiones.

—Nos casaremos —repitieron como un eco.

Esto sucedía cierta mañana, a la orilla del río de los Mameyes, bajo la sombra de los porotillos...

Declaración de guerra

Una noche los Rugeles se presentaron en la casa de Ventura. Iban trajeados con lo mejor que pudieron.

Ventura los recibió embromón:

—Se han echado el baúl encima —murmuró.

Los Rugeles vivían, según su dicho, sobre las armas... De los cintos pendían los **yataganes**[35]... en la cadera derecha de Facundo delataba su bulto el enorme revólver.

Era ostensible que los Rugeles se habían entonado con aguardiente, sin duda para cobrar ánimos.

Quien habló fue Facundo.

—Vea, tío —empezó con voz nerviosa—; ¡pa qué decirle! Nosotros estamos relacionados con sus hijas. Y queremos, pues, casarnos como Dios manda.

Así, que oyeron esta última frase, las muchachas, que

....

[35] Especie de sable. En nuestro país, se dice del machete montuvio.

habían aparecido en la sala, corrieron a esconderse en los dormitorios, presurosas.

Facundo continuó:

—Vamos, pues, a convidar al tío cura pa que nos case... ¿Qué le parece, pues, que nos casáramos el sábado? Tamos jueves, y me parece que hay tiempo de sobra.

Pensaría Facundo que no se había explicado muy claro, porque añadió:

—Nos casaremos uno con cada una.

Y entendería luego que había dicho una gracia, porque se rio sacudidamente.

Ventura no supo de momento qué contestarle. Por lo pronto soltó una frase de uso:

—¡Vea que ustedes son bien este pues!...

El hombre pensaba rápidamente. Sabía de lo que eran capaces sus sobrinos. Temía darles una negativa violenta. Pero le horrorizaba acceder.

—¿Qué les parece, pues, si le tomáramos parecer a Terencio? ¿Y al coronel?

¡Ah, ah!...

Facundo hizo por sí y por sus hermanos un gesto de repugnancia.

—¿Y qué vela llevan en este entierro, mala la comparación, el tío cura y mis papás? Ellos no son los que se van a acostar con las muchachas.

El gesto de Facundo era ahora de franco disgusto.

Ventura estaba aterrorizado. Mas trató de hacerlos comprender.

—A mí me parece muy bien. Me imagino que las muchachas no pueden caer en mejores manos. Ellas han de estar conformes, seguro. Pero es que yo, o más mejor dicho, Terencio, que es el padrino, quiere que completen los estudios. Se van a ir pa Quito. Cuando regresen, ¡claro!, se casan con ustedes. ¡Qué es mejor! De la misma sangre.

Facundo contestó:

—Déjese de vainas, tío... ¿Pa qué mismos necesitan estudiar más? La mujer, con que sepa cocinar, a parir apriende sola... Usté, perdonando la mala palabra, ¿le enseñó a parir a su compañera u ella hizo no más? Resuelva de una vez y no chingue, tío.

Ventura volvió sobre sus andadas. Razonó cuando le fue dable. Pero Facundo no convenía en nada.

—No apriete la beta al toro, tío. ¡Déjese de pendejear y resuelva!

En la discusión se llevaron una hora. A la postre no acabaron de ponerse de acuerdo.

Los Rugeles bajaron sin despedirse, con los rostros hoscos y amenazadores.

Facundo dijo desde media escalera:

—Cuidado se arrepiente, tío.

Y abajo en el rellano, musitó:

—Me la vas a pagar, Raspabalsa...

IV

Temores

Ventura no concilió el sueño esa noche.

Aconsejó largamente a las hijas. Las recomendó que no se vieran para nada con los Rugeles.

Las chicas dijeron que sí a todo. Pero ni este ofrecimiento tranquilizó al padre.

—Estos malalma son capaces de cualquier barrabasada —repetía.

Su mujer, la dauleña «pata amarilla», se tragaba el llanto en un rincón.

La fuga

Por supuesto, las Tres Marías no cumplieron con lo prometido a su padre. A la noche siguiente se entrevistaron con los Rugeles.

Los Rugeles insistieron en que se fugaran con ellos.

Al principio las muchachas se sintieron inclinadas a acceder. Después reflexionaron y terminaron por negarse.

Pero, en secreto, María Victoria bajó y se encontró

con Facundo en el sitio que de antemano convinieron.

Facundo la trepó al anca de su caballo y se la llevó por el campo aún anochecido.

A caballo también sus dos hermanos le daban escolta.

La búsqueda

La cosa se supo después, casi a la semana.

Los Rugeles habían desaparecido de la hacienda desde el día del rapto.

Nadie daba noticias de ellos ni de la raptada.

Algunos decían que los habían visto por los linderos septentrionales de La Hondura. Otros, en cambio, decían que los habían visto por abajo, hacia el sur.

Ventura tenía no más datos contradictorios.

Se había acercado al coronel para inquirirle noticias. Pero solo había obtenido respuestas como esta:

—Vea, hermano, a mí no me meta en sus cojudeces... ¿Y si yo le pidiera que me diga dónde están mis hijos? A usté se la ha perdido una hija; a mí se me han perdido tres hijos... ¿Qué le parece? ¿No será que su mosquita muerta de usté se me los ha jalao a los tres mismamente? ¿Qué le parece, hermano?

Don Nicasio le decía:

—Ya ves, yo te dije: «Cuida a las muchachas esas». ¿Y por qué no las dejaste casar? Más mejor hubiera sido.

Ventura no encontraba apoyo en ningún lado. Los que no simpatizaban con los Rugeles, les temían; de manera que nadie le daba auxilio.

Desesperado, le escribió al padre Terencio, mandándole un propio a Baba.

Tan pronto como recibió la carta el cura se puso en

camino.

—Yo mismo seré la contestación —dizque dijo.

Cuando llegó a La Hondura dispuso:

—Hay que buscar a la muchacha esa.

Se prestó para acompañarlo Ventura:

—Mi estado dará respeto...

—Así ha de ser, hermano.

Guardados por dos peones de confianza, Ventura y el padre Terencio salieron a caballo en procura de la perdidiza.

Recorrieron meticulosamente enorme porción de la hacienda. Andaban de día y noche, sujetándose a enrevesadas informaciones, orientándose sobre huellas tardías y horrorosas.

Al fin, cerca del sitio abierto de Palma Sola divisaron una mancha de gallinazos...

Mortecina

—**Mortecina**[36] —dijo uno de los peones—. Ahí hay una mortecina.

Los dos hermanos cambiaron una mirada aterrorizada. Probablemente recordaron al hermano común, asesinado precisamente en esas soledades, a inmediaciones de donde ahora estaban: tierras como malditas que abandonaron luego sus moradores, espantados de crimen horrendo.

Los Sangurimas se estremecieron.

El padre Terencio se estaba preparando el primero en envalentonarse.

—Debe ser alguna res atascada, que los gallinazos se están comiendo.

....

[36] Se dice de un ser muerto y de su carne expuesta.

Hasta quiso iniciar un chiste:

—¿Saben ustedes en qué se parece la mujer a una vaca atascada?

Le cortó uno de los peones:

—Hasta acá no llegan las reses; por aquí no hay pasto ni agua.

Supuso el otro peón:

—Debe ser algún animal del monte.

Contradijo el primero:

—Pero tendría que ser un animal muy grande, porque tetea el pájaro. Como no sea un cristiano... Puede que se sea un cristiano.

A Ventura el corazón se le oprimía. Se le dificultaba la respiración.

La cabalgata se aproximó al sitio donde estaban los gallinazos espantando a las aves.

Cuando la negra nube de alas se levantó, dejó al descubierto un cuerpo desnudo de mujer. Junto al cadáver estaban las ropas enlodadas, manchadas de sangre.

Con un hilo de voz, Ventura Sangurima balbuceó:

—Es María Victoria. Ese traje llevaba.

No pudo hablar más. Rodó montura abajo, sobre el suelo **sartenejoso**[37].

Y se estiró en el desmayo...

El hecho bárbaro

El padre Terencio constató el hecho bárbaro.

....

[37] Viene de sarteneja, grieta que se ha formado en la tierra por la sequía. Se alude aquí al terreno seco y solitario donde han encontrado el cuerpo de María Victoria, dando un ambiente de soledad extrema del paraje.

A la muchacha la habían clavado en el sexo una rama puntona de palo prieto, en cuya parte superior, para colmo de burla, habían atado un travesaño formando una cruz. La cruz de su tumba.

Estaba ahí palpable la venganza de los Rugeles.

Seguramente Facundo, tras desflorar a la doncella, la entregó al apetito de sus hermanos...

Quién sabe cómo moriría la muchacha...

La hemorragia acaso. Quizás los Rugeles la estrangularon. No se podía saber eso.

Entre la descomposición y los picotazos de las aves había desaparecido toda huella.

Solo quedaba ahí la sarcástica enseña de la cruz en el sexo podrido y miserable.

V

Opiniones

Don Nicasio llamó a Ventura cuando este estuvo de vuelta a la hacienda con el cuerpo muerto de su hija.

—Hay que enterrar a esa muchacha aquí mismo, en La Hondura, a boca chiquita, para que no friegue naidien —recomendó.

Ventura no contestó.

Habría querido oponerse, redargüir, pero no se atrevía a hacerlo. Hubiera dado cualquier cosa porque estuviera presente en la entrevista el padre Terencio, mas don Nicasio había dicho que quería hablar a solas con Ventura, y el clérigo no pudo acompañarlo.

—Ya ves. Vos tienes la culpa. Por no cuidar a tus hijas. Yo te manoseaba el consejo. No lo has oído.

A Ventura lo estremeció un llanto sacudido.

Lo increpó don Nicasio.

—¿Y qué sacas llorando ahora? ¿La vas a resucitar? Deja el lagrimeo pa las mujeres.

Después de un rato agregó:

—¿Y quién sería que mató a la muchacha? Porque lo que es los Rugeles no han sido, seguro. Ellos son alocados, pero buenos muchachos. Yo digo que la chica se habrá extraviado de ellos y ha caído en quién sabe qué manos. Sería tal vez los mismos que se comieron a mi hijo Francisco. Sea como sea, hay que dejar la cosa quedita. Que no se enteren las malas lenguas, sobre to.

Intervenciones

Ventura hubo de conformarse.

En verdad, él no estaba seguro de nada. Sabía ahora que no contaba con el apoyo del padre contra los Rugeles. Y temía de estos más que antes. Creía muy posible que continuaran en sus venganzas hasta dar fin con los suyos. Despúes de todo, ahí era nada lo que habían hecho.

Empero, la noticia trascendió a Guayaquil.

Acaso el padre Terencio, que había tomado una larga licencia y estaba pasándose una larga temporada en La Hondura, denunció anónimamente el hecho. Era lo más probable.

Lo cierto fue que los periódicos porteños trataron la cuestión en extenso.

Aparecieron largos artículos.

Se historiaba a las gentes Sangurima. Se daba, incluso aumentada, la lista de sus actos de horror. Se mostraba su genealogía encharcada de sangre, como la de una dinastía de salvajes señores...

En esos artículos, los Sangurimas eran tratados como una familia de locos, de **vesánicos**[38], de anormales temibles.

Los semanarios de izquierda también se ocuparon del asunto. Para estos periódicos, las gentes Sangurimas estaban a la altura siniestra de los barones feudales, dueños de vidas y de haciendas, jefes de horca y cuchillo. «En el agro mon-

---

[38] Loco, furioso.

tuvio —decían— hay dos grandes plagas entre la clase de los terratenientes: los gamonales de tipo conquistador, o sean los blancos propietarios, y los **gamonales**[39] de raigambre campesina auténtica, tanto o más explotadores del hombre del terrón, del siervo de gleba, del montuvio proletario —que solo dispone de su salario cobrado en fichas y en látigo—, que los mismos explotadores de base ciudadana. Aristocracia rural paisana, que pesa más todavía que la aristocracia importada, a la cual gana en barbarie».

Persecución

Al cabo se movieron las autoridades para investigar la cuestión.

Entró en funciones la gendarmería montada de la policía rural.

De Babahoyo salió un piquete del regimiento Cazadores de Los Ríos.

Y comenzó la búsqueda tenaz de los criminales.

Semanas tras semanas, la labor se volvía infructuosa.

El montuvio se ha acostumbrado a temer más a la policía rural que a los mismos asesinos y ladrones.

Así, por odio o por miedo, nadie suministraba información alguna.

Y el asunto comenzó a olvidarse.

Al mes y medio de ocurrido, pocos eran quienes se acordaban de él fuera de las gentes de La Hondura.

Cuando acaeció lo imprevisto.

....

[39] Cacique.

El combate

Una noche, el caserío de La Hondura fue despertado por un nutrido galopar.

Una cincuentena de jinetes armados se metía por los senderuelos, entre las casucas, arrumbando a la casa grande de la hacienda.

Cuando la cabalgata llegó al portal, el que hacía de jefe de los jinetes llamó a voz en cuello:

—¡Don Nicasio! ¡Don Nicasio!

Arriba reinaba un silencio absoluto.

El de abajo volvió a gritar más fuertemente todavía:

—Soy yo, don Nicasio, el capitán Achundia, de la Rural.

Seguía el silencio.

A la postre, cansado ya, el capitán Achundia amenazó:

—¡Conteste, viejo del carajo, o le aflojo el fuego!... Usté tiene escondidos ahí a sus nietos Rugeles... Entréguelos y no hacemos nada...

Habría seguido hablando el capitán Achundia, quizá habría ordenado fuego abierto... Pero una bala salida de la obscuridad le atravesó el pecho de parte a parte, derribándolo del caballo.

Lanzó el hombre un profundo quejido, que se perdió en un desconcierto de alaridos, de voces de mando, de chillidos y de silbar de balas.

De su casa había salido el coronel Sangurima con gente armada. Cada peón de los suyos agarraba el fusil o la escopeta y disparaba contra los policías.

En breve se ajustó una batalla campal bajo las sombras de la noche cerrada.

Cosa de media hora duró el tiroteo.

VI

Bandos

Las gentes de los Sangurimas se habían dividido en dos bandos.

El que apoyaba al coronel salió a sostener el ataque de los policías rurales.

El que tácitamente simpatizaba con Ventura permaneció ajeno a los acontecimientos, sin intervenir, en una aparente y medrosa neutralidad.

Para quienes formaban parte en este último bando fue una sorpresa extraordinaria el ataque policial. Algo, en verdad, se había murmurado acerca de que don Nicasio sabía dónde estaban ocultos los Rugeles; pero jamás se llegó a presumir que los tuviera escondidos en la propia casa grande de La Hondura.

—¡Barajo con el viejo vaina!

—Es que cuando quiere, quiere...

—Y a los Rugeles lo quiere, claro.

—Así es, pues

—Así es.

La captura

Los de la policía rural esperaban sin duda refuerzos, pues no **acendraron**[40] el asalto, sino que empezaron a mantenerse a la defensiva. Se arrumbaron en los rincones solitarios, y disparaban desde ahí. Se tapaban tras los macizos de árboles o tras las cercas y las palizadas, como tras murallas propicias.

En efecto, cerca de la madrugada se escuchó por el camino real un nuevo galopar. Y a poco, junto con los primeros clarones lechosos en el cielo ennegrecido, llegó un grueso destacamento de tropas regulares del Cazadores de los Ríos.

Posiblemente atemorizado ante estas fuerzas superiores en número y armamento, el coronel Sangurima que dirigía a los suyos, se escapó con estos; dejando libre el acceso a la casa grande de La Hondura y evacuado el caserío.

Los policías penetraron en el edificio.

Momentos después sacaron atados con sendas sogas, codo con codo, a «Los tres Rugeles».

Iban estos pálidos y vacilantes. Sin embargo, erguían las cabezas, desafiantes y altaneras.

Se formó la escolta en cuadro y salió del caserío.

—¿Adónde los llevarán ahora?

—A Babahoyo, pues, a la cárcel.

—¡Ah!...

Cuando los Rugeles fueron pasados frente a la casa de Ventura, Facundo gritó burlonamente:

—¡Ah, Raspabalsa!...

Mirando a las ventanas cerradas, hizo dificultosamente con una mano, que apenas podía mover, una seña obscena...

La policía rural quedó ocupando el caserío.

Se dispusieron centinelas en la casa grande y ambu-

....

[40] En este contexto, significa intensificar.

lancia para recoger a los heridos.

La mañana se dedicó a curar a estos y a enterrar a los muertos.

Tentativa

Cuando la escolta cabalgaba por el camino real, seguida a alguna distancia por el resto del piquete de los Cazadores de los Ríos, el coronel Sangurima intentó una sorpresa para libertar a sus hijos.

Fue rechazado y obligado a fugar con los suyos, confiado a la velocidad de sus caballos hasta el monte espeso.

Se dijo que iba malherido, con un balazo en el hombro.

Después se supo que esto último no había sido verdad.

Epílogo

Palo abajo

El padre Terencio acudió a la casa grande, tan pronto como fue posible hacerlo.

Encontró a don Nicasio tumbado en su catre, agarrándose en una explosión de rabia impotente.

En los ojos verdosos, alagartados, había una luz de locura.

Al ver al cura hizo el viejo una mueca:

—Ya estará contento tu compadre Raspabalsa, ¿no? Ya se jalaron presos a esos muchachos inocentes...

El padre Terencio permaneció silencioso.

—Y ahora dicen que nos seguirán juicio a todos por las muertes que ha habido anoche. La tropa nos tiene vigilaos por eso. Naidien puede salir de La Hondura; naidien puede dentrar tampoco...

El padre Terencio seguía escuchando.

Le gritó el viejo:

—¡Rebuzna algo, pues, don cojudo!

Habló el cura. Procuró acopiar su escasa ciencia de consolación cristiana para fortalecer al anciano.

Este le oía lo propio que oía la canción del río de los Mameyes, que ahora mismo estaba sonando, sonando, allá abajo...

—¿Cuánto tiempo les caerá de prisión a los Rugeles, Terencio?

—Dieciséis años, papás. El comandante del Cazadores me dijo.

—¡Ah! ¡No los alcanzo! ¡Me muriré antes!...

Se deshizo en llanto don Nicasio. Era la primera vez que el padre Terencio lo veía llorar: la primera vez que alguien lo veía llorar. Acaso no habría llorado nunca. Infundía miedo su llanto.

—¡Papás! ¡Papás! ¡Acomódese, papás!

Era un llanto tremendo. Se mordía el hombre las manos hechas puño. Se desgarraba las ropas.

—¡Papás! ¡Hay que tener valor! ¡Hay que ser machos, papás!

Reaccionó don Nicasio:

—Yo soy más macho que vos, mujerona; más macho que todos, ¡carajo!... Pero es que me duele pues...

Se calmó a la postre.

Dijo:

—El pendejo de Ufrasio dañó todito. Yo tenía otro plan. Cuando vide la cosa perdida, agarré y me dije: «Debemos jodernos completos». Y le propuse lo que le propuse. Pero Ufrasio no quiso... Yo le creía más hombre al coronel...

—¿Y qué le propuso, papás?

Don Nicasio explicó largamente el plan que no pudo poner en práctica; lo que hubiera sido el epílogo verdadero y era ahora no más epílogo imaginario, viviente solo en su cabeza afiebrada...

Más debajo de La Hondura, el río de los Mameyes crecía y daba vuelta en una revesa espantosa: la revesa de los Ahogados.

Don Nicasio hubiera dicho a los policiales:

—Más mejor es que nos vayamos con los presos por agua. Yo también quiero ir. Nos embarcaremos en la canoa grandota de pieza...

Los policías habrían aceptado sin desconfianza.

Y al llegar a la revesa de los Ahogados, habría mandado sacar la tabla falsa del fondo de la canoa, y esta habría hundido en dos minutos.

De tierra los peones habrían dado bala a los rurales, que estarían en el agua. Dios habría querido que nos hubiéramos salvado los Rugeles y yo... Los rurales, con el peso del fusil, se habrían ido a pique, si no les alcanzaba un balazo... Y de salir mal, pa eso se llama el punto «la revesa de los Ahogados».

Nos habríamos acabado toditos... Claro; más mejor... Más mejor que presos ellos y solo yo... Ahí nos habríamos jodido completos... ¿No le parece, don cojudo?

—Habría sido un crimen horrendo, papás. Su alma mismamente se habría perdido...

—Usté lo creerá así; pero yo no... Pa mí las cosas son de otro modo...

Sonrió don Nicasio al concluir:

—Usté será todo lo cura que quiera... No me opongo... Pero, aquí en confianza, le vo a decir, que pa mí, si Ventura es un pendejo, usté es otro más grande... Más grande...

Inició un gesto lento, con la mano hacia lo alto:

—Grande como un matapalo, amigo...

En los ojos alagartados de don Nicasio la luz de la locura prendió otro fuego...

ÍNDICE

TÍTULOS PUBLICADOS EN
"ARIEL, CLÁSICOS ECUATORIANOS"

www.ingramcontent.com/pod-product-compliance
Lightning Source LLC
Chambersburg PA
CBHW032016090426
42741CB00006B/620